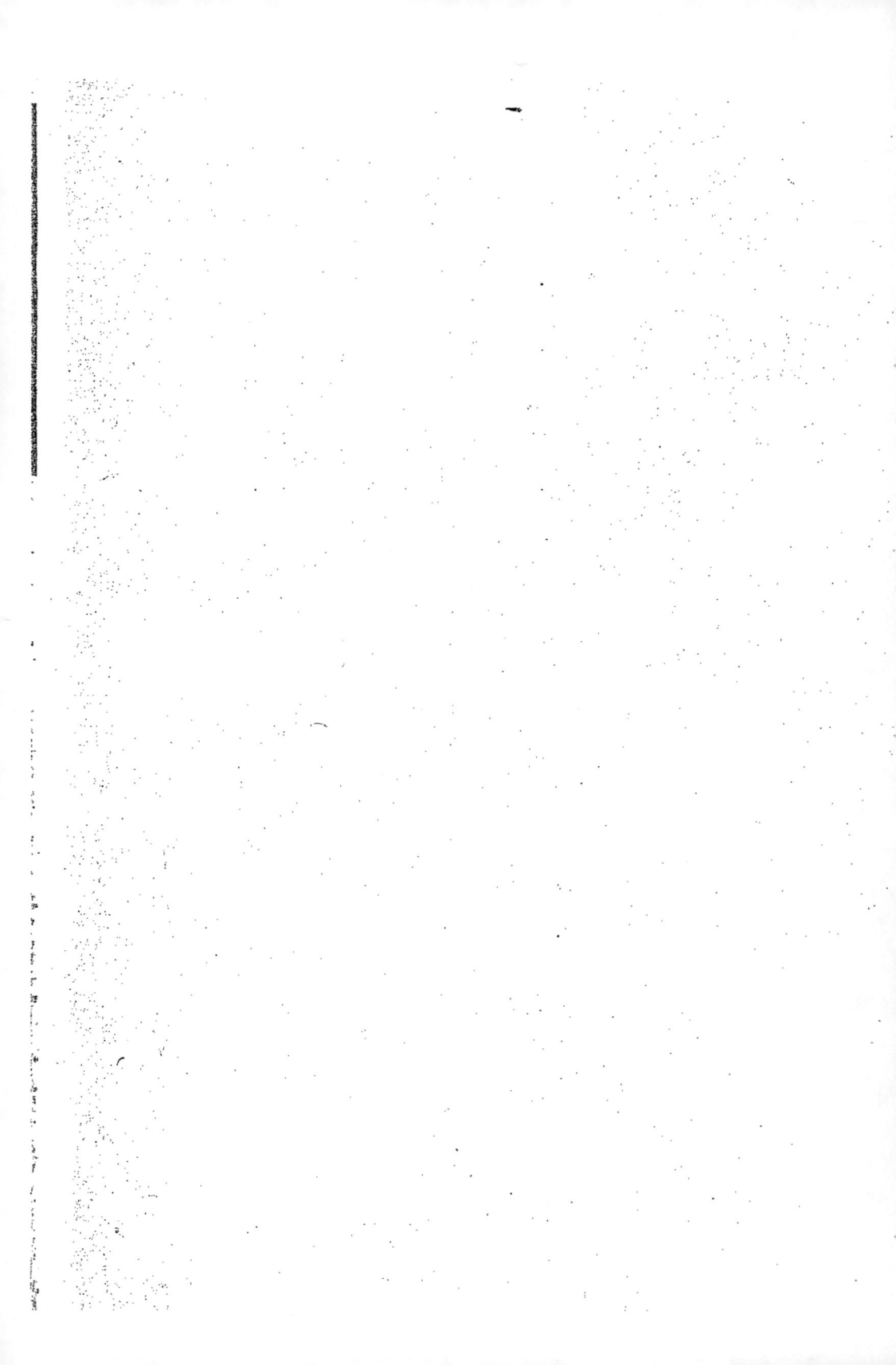

# ÉTUDE HISTORIQUE

## SUR LE

# MARQUISAT DE MARIGNY

(MANCHE)

PAR

## Ch. FIERVILLE

DOCTEUR ÈS LETTRES

CENSEUR DES ÉTUDES AU LYCÉE DE COUTANCES

Membre de plusieurs Sociétés savantes.

*(Extrait du 1er volume des Mémoires de la Société Académique du Cotentin.)*

COUTANCES

TYP. DE DAIREAUX, IMPRIMEUR DE L'ÉVÊCHÉ ET DU LYCÉE

1874

# ÉTUDE HISTORIQUE

SUR LE

# MARQUISAT DE MARIGNY.

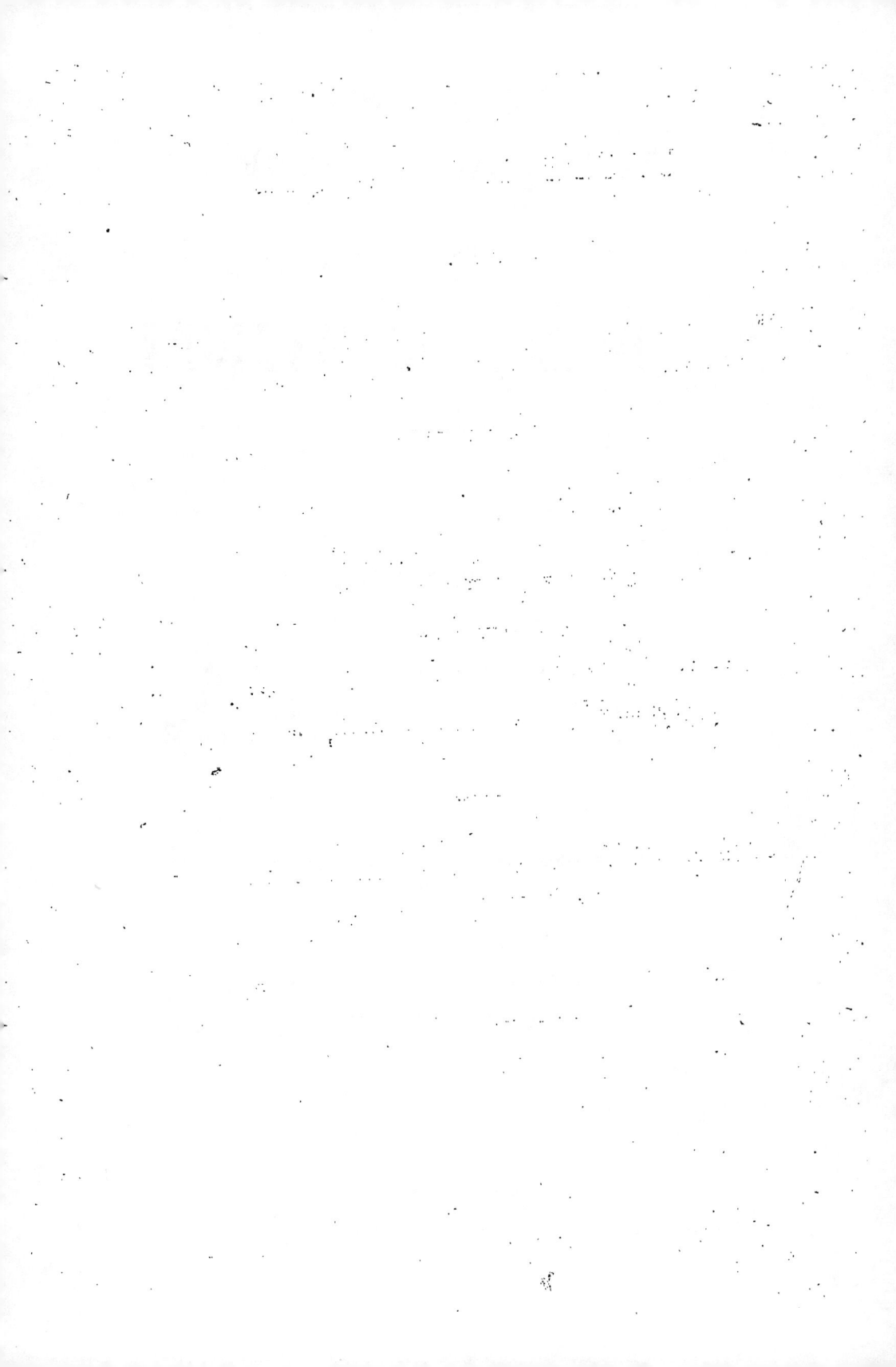

# ÉTUDE HISTORIQUE

SUR LE

# MARQUISAT DE MARIGNY

(MANCHE)

PAR

## Ch. FIERVILLE

DOCTEUR ÈS LETTRES

CENSEUR DES ÉTUDES AU LYCÉE DE COUTANCES

Membre de plusieurs Sociétés savantes.

---

*(Extrait du 1er volume des Mémoires de la Société Académique du Cotentin.)*

---

COUTANCES

TYP. DE DAIREAUX, IMPRIMEUR DE L'ÉVÊCHÉ ET DU LYCÉE

1874

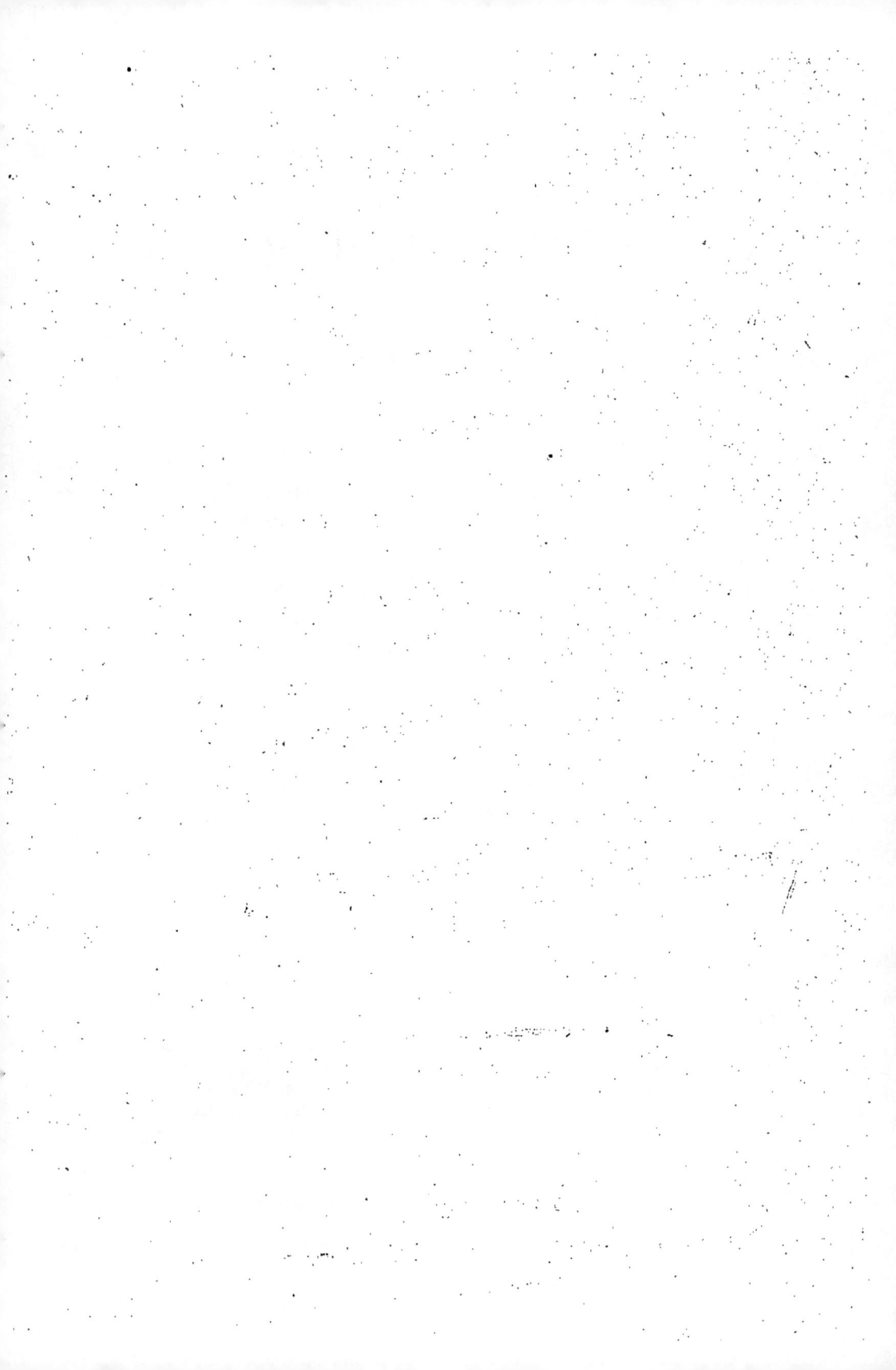

# ÉTUDE HISTORIQUE

SUR LE

# MARQUISAT DE MARIGNY

Par Ch. FIERVILLE,

Censeur des Études au Lycée de Coutances.

## I.

De toutes les anciennes divisions territoriales de notre pays, la moins connue est peut-être la division féodale. Cependant elle date des temps les plus reculés de notre histoire, et elle a duré jusqu'en 1789.

Pour ne prendre que l'Election de Coutances, (1) une des neuf élections de la généralité de Caen, il y avait dans sa circonscription 379 fiefs ou extensions de fiefs, répartis en 132 paroisses. On en trouve la liste complète dans l'Etat que Foucault, intendant de la généralité de Caen, fit faire à la fin du XVIIe siècle.

Mais on ne sait généralement pas la hiérarchie qui existait entre ces fiefs. Cet Etat indique seulement les marquisats, les comtés, les baronnies, les châtellenies et les autres fiefs de l'Election. (2) Ce n'est qu'un travail de recensement fait pour la *Cour des comptes, aides et finances.*

(1) Elle comprenait les cantons actuels de Bréhal, de Cerisy-la-Salle, de Coutances, de Gavray, de Montmartin-sur-Mer, de St-Malo-de-la-Lande, de St-Sauveur-Lendelin (10 communes sur 12), et de Lessay ( 6 communes sur 14).
Elle n'avait rien dans les cantons de la Haye-du-Puits ni de Périers ; mais elle avait 6 communes du canton de Granville, 8 communes du canton de la Haye-Pesnel, 4 communes du canton de Villedieu (dans l'arrondissement d'Avranches), 3 communes du canton de Marigny, et 2 communes du canton de Percy (dans l'arrondissement de Saint-Lo).
L'arrondissement actuel de Coutances comprend 156 paroisses, c'est-à-dire 23 de plus que l'ancienne Election.

(2) *Marquisats, Comtés, Baronnies et Châtellenies situés dans l'Election de Coutances.*
1º Le marquisat de Pirou (1re partie, 2,000 livres de rente ; — 2e par-

Nous nous proposons ici, dans la limite de nos forces, de combler cette lacune en ce qui concerne l'ancienne baronnie de Marigny, érigée en marquisat au XVIIᵉ siècle, (1) et nous serions heureux que cet opuscule fût le premier chapitre d'un livre qui pourrait s'appeler *Recherches sur les grands fiefs du bailliage de Cotentin.*

## II.

A la fin du XVIIIᵉ siècle, le marquisat de Marigny avait son extension sur plus de vingt paroisses de l'Election de Coutances. Il se divisait géographiquement en plusieurs parties. La plus

tie, 2,500 livres de rente). De la 1ʳᵉ partie dépend la terre de Beuzeville, estimée de 10 à 12,000 livres de rente ; plus, la paroisse d'Anneville relève dudit marquisat et est comprise dans les 2,000 livres de revenu. — La 2ᵉ partie s'étend à Créances et à Pirou.

2º Le marquisat de Marigny vaut 8,000 livres environ.

3º Le marquisat de Mesnil-Garnier s'étend au Mesnil-Garnier, Champreprus, Mesnil-Hue, la Trinité, Bourguenolles, etc. Il vaut 6,000 livres par an.

4º Le comté de Créances s'étend à Créances, la Feuillie, Ste-Opportune, et vaut 3,000 livres par an.

5º La baronnie de Mesnilbus, dans ladite paroisse et à St-Michel-de-la-Pierre, St-Aubin-du-Perron et Feugères, vaut environ 5,000 livres par an.

6º La châtellenie de Hambye, à la duchesse de Nemours, à Hambye, Percy, Montabot, Chévry, le Loreur, Bourrey, Montmartin, Hauteville-sur-Mer, Cérences en partie, Bréhal et Hudimesnil en entier, vaut 10 à 12,000 livres de rente.

7º Le fief et châtellenie de St-Denis-le-Gast, dans ladite paroisse, et celle de Thann et Grimesnil, valent 5,000 livres de rente.

8º La châtellenie de Chanteloup, dans ladite paroisse et à St-Martin-le-Vieil, Coudeville, Ste-Marguerite, Briqueville-sur-Mer et Cérences, vaut 4,000 livres environ de rente.

*Il faut y ajouter d'après* MANNEVILLE :

1º La Bloutière, paroisse et baronnie de l'Election de Coutances.

2º Créances, paroisse de l'Election de Coutances, avec le titre de comté, appartient à la maison de Longaunay de Dampierre.

3º La baronnie de St-Pair en partie.

(1) La *baronnie* se composait de trois châtellenies. Elle relevait ordinairement de la couronne, et était indivisible.

Les *fiefs de dignité* étaient les duchés, les principautés, les marquisats, les comtés, les vicomtés, les baronnies, les châtellenies.

En vertu de l'édit du 17 d'août 1579, il fallait, pour former un

considérable était bornée au nord par le confluent de la Vanlouette et du Lozon, et s'étendait, en descendant vers le sud,
dans les petits bassins de la Vanlouette, du Vanlous, du Houlbec, du Lozon, du Rogal et de la Lôque. Elle comprenait les
paroisses de Remilly, d'Aubigny, du Mesnil-Vigot, de St-Ebre-
mond-sur-Lozon, du Mesnil-Eury, de St-Louet-sur-Lozon
(avec extension à l'ouest sur Feugères), de Hauteville-la-
Guichard, de Marigny ( en inclinant à l'est dans le bassin de la
Terrette), du Lorey et de Camprond vers l'ouest, et était
bornée au sud par la route de Coutances à Saint-Lo.— Plus à
l'ouest encore se trouvaient les deux enclaves de Gratot et de
Gouville avec extension dans différentes paroisses.

Une autre partie était bornée au nord par la Soulle, au sud
par la Venne, et renfermait, de l'est à l'ouest, les paroisses de
Notre-Dame-de-Cenilly, de St-Martin-de-Cenilly, de Roncey
et de Guéhébert. Au sud-est se trouvait l'enclave de la Haye-
Comtesse, dans le bassin de la Sienne et sur la rive gauche.

Une troisième partie, bornée à l'est par la Sienne, formait une

comté, 2 baronnies et 3 châtellenies. Les *comtés* relevaient de la couronne et étaient indivisibles.

Un *marquisat*, suivant l'édit d'août 1579, devait être composé de
3 baronnies et de 3 châtellenies; mais comme cet édit ne s'exécutait
pas à la rigueur, le nombre des seigneuries particulières tenait lieu
de celui des baronnies et châtellenies exigées par l'édit. Les *marquisats*
relevaient de la couronne et étaient indivisibles.

*Edit de Henri III donné à Paris le 17 août 1579.*

Défendons, suivant l'arrêt de notre conseil privé du 10 mars 1578,
publier aucunes érections de seigneuries en nouvelles dignitez; sinon
que les seigneuries, auxquelles sera attribuée nouvelle dignité, soient
de qualité requise, à sçavoir que la terre qui sera érigée en chastel-
lenie ait d'ancienneté haute justice, moyenne et basse, sur les subjets
d'icelle, droict de foire et marché, prévosté, péage et prééminence sur
tous ès églises estant au-dedans de la dite terre. Que la baronnie sera
composée de 3 chastellenies pour le moins, qui seront unies et in-
corporées ensemble, pour estre tenues à un seul hommage du Roy; que
le comté aura deux baronnies et 3 chastellenies, pour le moins, ou
une baronnie et six chastellenies, aussi unies et tenues du Roy; que
le marquisat sera composé de trois baronnies et de trois chastellenies,
pour le moins, ou de deux baronnies et six chastellenies, unies et tenues comme dessus. — Donné à Paris, le 17 aoust 1579, de notre règne
le 5e.

sorte de quadrilatère, et s'étendait sur Cérences, Ste-Marguerite, Annoville, Tourneville et Quettreville.

Enfin il y avait les enclaves du Loreur dans le sud de l'Election de Coutances, — de Sacey, dans l'Election d'Avranches, — de Lamberville et de Précorbin, dans l'Election de Saint-Lo, vicomté de Torigny, — et d'Hermanville, dans l'Election et vicomté de Caen.

Cette extension si considérable était l'œuvre des siècles (1).

Primitivement Marigny n'était qu'un membre de la baronnie de SAY et appartenait à l'antique famille de ce nom. Au XIIe siècle le mariage d'Agnès de Say avec Richard I du Hommet, amena la réunion de la baronnie de Say à celle de Remilly, sous la suzeraineté de l'*Honneur* du Hommet. Mais vers 1250, après le mariage de Mabille avec Richard de Courcy, la baronnie de Marigny et de Remilly agrandie devint distincte de l'*Honneur* du Hommet et finit par absorber la demi-baronnie de Monfort qui, cependant (en 1327), prétendait encore relever du roi, malgré les contestations d'un autre Richard de Courcy. A la fin du XIVe siècle la baronnie de Marigny et de Remilly tomba deux fois en quenouille. Les familles de Mallemains et de Montauban continuèrent à accroître l'importance de ce grand fief de dignité, et leur œuvre fut achevée par les Rohan qui le firent ériger en marquisat et y réunirent la fieffeferme de St-Louet-sur-Lozon. — Mais cette transformation successive de la baronnie de Marigny ne se fit pas sans difficulté, et plus d'une fois un certain nombre de détenteurs de fiefs contestèrent leur mouvance : ce qui donna lieu à d'interminables procès.

(1) Primitivement, dit M. de Gerville, « Marigny avait été démembré de la baronnie de Say, à Quettreville, qui s'étendait aux paroisses » de Cérences, Cenilly, Guéhébert, la Haye-Comtesse, Hauteville-la- » Guichard, Marigny, le Lorey, le Mesnil-Vigot; l'autre moitié à *Re- » milly*, St-Ebremond, St-Louet-sur-Lozon et St-Nicolas-de-Coutan- » ces.... La seigneurie de Remilly, unie à celle de Marigny, formait » dès le temps des premiers du Hommet... une demi-baronnie, et de- » vait au roi Philippe-Auguste le service de deux chevaliers ». *Recherches sur les anciens châteaux du département de la Manche*, arrondissement de Saint-Lo. — *Mémoires de la Société des Antiquaires de Normandie*, années 1829 et 1830, *p.* 266-271.

Quoi qu'il en soit, dans les derniers temps, le marquisat de Marigny comprenait : I° l'Honneur de Marigny avec les *trente-neuf fiefs nobles* ou franches vavassories qui en dépendaient ; — II° la *grande verge de Marigny* consistant en domaines fieffés et non fieffés, avec les *coutumes* du Lorey, de Camprond et de Hauteville ; — III° la *petite verge de Marigny* ; — IV° la *seigneurie de Mary*, à St-Martin-d'Aubigny ; — V° la *seigneurie de Montfort* ; — VI° la *seigneurie de Hauteville-la-Guichard* ; — VII° la *grande verge, la baronnie de Remilly, et la petite verge de Remilly* ; — VIII° la *seigneurie de St-Louet-sur-Lozon*, avec les domaines de la Croix-Mériotte, du Couaisel et de la Lande ; — IX° la *baronnie de Say-Montauban* ; — X° la *baronnie de la Haye-Comtesse*.

Il est toutefois difficile de suivre dans l'histoire les vicissitudes de ce marquisat, du moins jusque vers la fin du XV⁶ siècle. On trouve en effet, en 1486, une réclamation faite par Louis de Rohan aux juges du bailliage de Cotentin pour avoir copie des aveux rendus au roi à la Cour des comptes par ses prédécesseurs, et savoir ainsi les dépendances, rentes et sujétions dues à la baronnie, *attendu que les titres ont été perdus par les guerres civiles, divisions et mortalités* qui ont régné en Normandie. (1) La révolution de 1793 nous a enlevé encore ce qui avait été recueilli et conservé depuis dans le chartrier du château. Toutefois la bibliothèque de Coutances possède un *Inventaire* in-folio de plus de 1600 pages, fait en 1761, — un *Journal, papier cueilloir et recette des rentes, cens et redevances de 1785*, — *deux registres d'aveux des arrière-fiefs* et ténements, — et *des notes généalogiques* manuscrites, rédigées vers 1805. Avec ces documents inédits, avec les archives de l'Etat civil, du notariat et de l'Eglise de Marigny et grâce aux renseignements que nous avons puisés dans la *Revue Monumentale et historique de l'arrondissement de Coutances*, par M. Renault, dans les travaux de M. de Gerville, et d'autres savants archéologues ; enfin dans l'*Essai sur l'histoire civile et*

(1) Inventaire, *p.* 20.

*religieuse de Remilly*, par M. l'abbé Bernard, œuvre manuscrite d'un savant aussi distingué que modeste, nous pourrons passer sommairement en revue tout ce qui concerne ce grand fief, en suivant l'ordre géographique que nous avons indiqué plus haut.

## III.

MARIGNY. — Marigny est situé près de la voie romaine de Coutances à Bayeux.

« En 1844, dit M. de Gerville, on a trouvé à la jonction de » Marigny et de Carantilly un grand nombre de médailles, en » grand, moyen et petit bronze, entre autres une Faustine et un » Gallien. Le champ où elles ont été découvertes s'appelle encore » aujourd'hui la *Justice*, parce que le carcan de la justice de » Marigny était là, près de la grande route de St-Lo à Coutances, et du bureau de la poste aux chevaux appelé *la Fosse.* »

En sortant du bourg pour aller à la grande route de Coutances à St-Lo, vers le midi, on voit encore la motte de l'ancien château-fort, appelé la *Butte-du-Castel*. Elle est escarpée, quoique peu élevée, mais on n'y remarque aucune trace de maçonnerie. Elle était en grande partie défendue par les eaux du vivier voisin qu'on faisait refluer à volonté dans les fossés, et elle dominait tout le pays excepté du côté du sud. (1)

Pour l'histoire de la *paroisse* de Marigny, les documents font défaut ; toutefois à l'aide des registres de l'Etat civil que M. Salles, maire de Marigny, a mis à notre disposition avec une grande complaisance, et grâce à quelques pièces que M. Ollivier, curé, a bien voulu nous communiquer, nous pouvons soulever un peu le voile du passé. (2)

(1) Dans un acte du 20 juillet 1723, déposé au notariat de Marigny le 1er septembre suivant, il est fait mention de la vente du *moulin du Castel, situé à Marigny, proche la place où antérieurement il y avait un château.*

(2) D'après des lettres patentes du 21 janvier 1407 et du 28 juin 1451, les habitants de Marigny et de Remilly avaient droit d'usage dans

L'église actuelle a trois nefs, avec une tour pyramidale. Elle est du style ogival et toute moderne, sauf une partie de la nef principale et des deux nefs latérales, à environ $2^m$ 50 du sol, où les constructions du XV$^e$ siècle sont très-visibles. On y remarque encore de jolies consoles destinées à soutenir les nervures des voûtes (absentes) des nefs latérales et soutenant ces voûtes dans la grande nef. Cette église, qui a été plusieurs fois détruite, est sur l'emplacement d'une église romane dont la dédicace fut faite, sous le vocable de St Pierre, vers 1050, par Geoffroy de Montbray, évêque de Coutances, et qui fut aumônée un siècle après à l'abbaye d'Aunay, près de Caen. On pourrait croire qu'antérieurement à cette époque il y en avait une autre dans un emplacement différent. (1) Quoi qu'il en soit, rien aujourd'hui n'indique que le sol de l'église ait servi aux inhumations, et l'on n'y trouve pas de ces pierres tombales qui souvent sont des éléments de l'histoire locale.

la *forêt de Coutances*. Cette forêt était probablement le *Bois-au-Vicomte* qui, d'après DE MONS, était à Bulsard, et avait une étendue considérable.

(1) *De pluribus dignitatibus et liberalitatibus de* Roberto *filio* Rainfridi *qui facit Ecclesiam Marigny dedicari.*

Notum sit fidelibus sancte Ecclesie quatenus Robertus filius Rainfridi de Rumilleio fecit *Ecclesiam Sti Petri de Marineio* dedicari pro ejus anima et pro anima patris sui et matris sue et pro anima Miriel uxoris ejus, que obiit in eadem Ecclesia et intus jacet, et pro animabus omnium parentum suorum vivorum atque defunctorum necnon et nasciturorum. Et in illa die qua Ecclesia dedicata fuit hanc dotem ei dedit, scilicet burgum quod ipse in Marineio habebat, ultra pontem, in quo suus frater Gaufridus nullam partem habebat. Quia ipse Robertus emit terram illam de suo proprio censu Gaufrido filio Amici in qua illud burgum edificavit, et illud dedit Ecclesie totum quietum sicuti ipse habebat de omnibus rebus et de omnibus serviliis, necnon unum sestarium frumenti de duobus molendinis ipsius parochie, et quietudinem domus Bosonis sacerdotis de omnibus teloniis, et decimam de alio burgo totam in eadem die Ecclesie donavit. Hec dona per quemdam cultellum super altare confirmavit.

Et Petrus filius Gaufridi, qui dominus erat ipsius Ecclesie sub Roberto, de sua terra in eadem die tribuit, scilicet quatuor acras, que propior Ecclesie erat, et decimam sui molendini et sue terre similiter donavit. Et Aicardus de Mainil Adelelmo suam decimam in eadem die Ecclesie donavit, et Robertus filius Rainfridi qui dominus erat super istos, ex sua parte concessit.

Teste Gaufrido episcopo et Godefrido archidiacono, et Petro came-

Cependant au XVIIᵉ et au XVIIIᵉ siècles les inhumations dans l'église de Marigny ont été très-nombreuses. C'était pour ainsi dire un droit acquis aux paroissiens, moyennant une somme, fixée en 1658, par l'archidiacre de Coutances, à 20 sols payés entre les mains du curé pour être employés aux affaires les plus urgentes de l'église. En 1694, elle fut portée à 40 sols pour payer le pavage de l'église; (1) en 1703 elle fut portée à 60 sols.

Nous avons compté le nombre des personnes inhumées dans l'église pendant trois périodes de cinq ans :

I. En 1668, il y en eut 18 ; — en 1669, 11 (2) ; — en 1670, 8 ; — en 1671, 7 ; — en 1672, 2 (sur 27 décès cette année-là) ; ce qui donne une moyenne de 9 par an.

II. En 1717, 2 ; — en 1718, 7 ; — en 1719, 14 ; — en 1720,

rario episcopi, *Gaufrido* et *Willelmo de Alta-Villa,* et *Roberto* filio *Harvardi* et *Serlo* filio *Amati* et *Herberto de la Hoga,* et *G. Pane et Vino* et *Godefrido de Campo-Rotundo* et *Silvano* et *Petro* sacerdote de Loreto, et *Hosberto* sacerdote de Sancto Laudo, et alii multi (*sic*).

Tunc ipse *Robertus* rogavit dominum *Gaufridum* episcopum missam cantare paratum ut omnes qui hoc beneficium et donum Sancto Petro concederent, et manutenerent et servarent et defenderent, absolveret; qui vero auferrent perpetuo maledictione excomunicaret. Tunc *episcopus* coram clero et populo concedentes et defendentes et manutenentes vice Sancti Petri absolvit; subtrahentes et devastantes, de Patre et Filio et Spiritu Sancto et de Sancta Maria matris (*sic*) Domini et de omnibus Angelis et Archangelis et de omnibus Prophetis et de omnibus Apostolis et Martyribus et Confessoribus et Virginibus excomunicavit.

Hanc vero dotem ego *Hengelgerius de Sai* meo sigillo confirmo et pro sestario predicti frumenti quo ecclesia caret, terram illam concedo que in sinistra parte ecclesie adjacet, cum mansiunculis que sunt in parte atrii ejusdem terre, ita libere et quiete sicuti predicta eleemosina cum omnibus rectitudinibus et consuetudinibus.

Teste *Roberto de Asnières* et *Hugone de Sai,* et *Roberto de Sancto Ebremundo,* et *Roberto Capro,* et *Rogerio Leissant,* et *Osberto Dacien,* et *Petro de Sancto Benedicto* et *Roberto Fossart.*

(Original aux archives de St-Lo, provenant du chartrier d'Aunay.)

(1) On pouvait remplacer l'argent par un cent de *tuilot* qu'on placerait à l'endroit indiqué, et on devait faire replacer le *tuilot* déplacé pour creuser la fosse.

(2) En 1669, il y eut une maladie contagieuse appelée *flux de sang,* qui fit beaucoup de victimes.

18 (1) ; — en *1721*, 4 ; ce qui donne encore une moyenne de 9 par an.

III. En *1774*, 7 ; — en *1775*, 7 ; — en *1776*, 2 ; — en *1777*, 4 ; — en *1778*, 4 ; ce qui donne une moyenne de 5 par an.

Cet usage ne fut plus suivi à partir de cette époque.

Nous sommes loin d'avoir la liste complète des curés et des vicaires de Marigny ; les registres paroissiaux ne commencent qu'en 1653 (2). Toutefois nous pouvons donner quelques noms :

| CURÉS. | VICAIRES. |
|---|---|
| 1656-1666 Pierre de l'Isle. | 1655 Pierre de l'Isle. |
| 1668-1671 Jean Heudeline. | 1656 Jean Basire. |
| 1671-1687 Gilles Nicolle. | 1660-1667 Louis Chardin. |
| 1692-1729 Robert Boudier. | 1667-1671 Jean Chardin. |
| 1729-1762 Jacques Boudier. | 1683-1697 Pierre Margalay. |
| 1763-1784 Ch.-François Le-conte. | 1699 Michel Vimont. |
| | 1700-1705 Nicolas Huet. |
| 1784-1789 N. Diguet. | 1709-1720 Charles de Pirou. |
| | 1720 François Hervieu. |
| | 1721-1725 Jean Coquière. |
| | 1725 Jean-François Du-four. |
| | 1732-1757 Richard Huet. |
| | 1759-1761 Nicolas Dolley. |
| | 1780 Pierre - Philippe Heuguet. |

Dès 1658 nous constatons des quêtes faites dans l'église, aux grandes fêtes de l'année, pour les hopitaux de Paris. (3) En 1669,

_____

(1) Dans les derniers mois de 1719 et pendant toute l'année 1720 i y eut une maladie contagieuse à Marigny. On compte pendant cette période 98 décès.

(2) Ils manquent pour les années 1688, 1689, 1690, 1691, 1692.

(3) *Mémoire des Indulgences à commencer dès* 1658.

Cueilly pour le jour de la Pentecoste pour l'hospital de la Charité de Paris **28** sols.

Cueilly le jour de l'Assomption pour la confrairie St Hubert **14** sols

Cueilly le jour de Toussaint pour les Quinze Vingts de Paris **20** sols.

le 9 décembre, le R. P. Antoine Gaugeard, prieur du couvent des Frères-Prêcheurs de Coutances, institua la confrérie du Rosaire dans la chapelle Notre-Dame, avec cette réserve que si à l'avenir les Dominicains avaient une maison de leur ordre à Marigny, cette confrérie y serait à l'instant transportée, avec tous ses droits, revenus et émoluments. (1)

D'après le tableau des fondations pour 1737, il y avait : en janvier 6 obits ; en février, 9 ; en mars, 9 ; en avril, 8 ; en mai, 8 ; en juin, 5 ; en juillet, 11 ; en août, 7 ; en septembre, 7 ; en octobre, 4 ; en novembre, 6 ; en décembre, 9 : en tout 89. Il y avait en plus, en janvier, la fondation du Rosaire, pour laquelle il était dû un droit de 40 sols au custos. Une messe chantée, avec *Libera*, se payait alors 4 ou 6 sols. — Dans aucune de ces fondations il n'est question des marquis de Marigny.

Nous ne savons à quelle date remonte l'*école de charité* de cette paroisse ; elle existait toutefois avant 1752 (2 juin), époque où mourut Me François Quilien, prêtre, qui en était régent. (2) De 1774 à 1777, Me Jacques-Philippe Hérouard, prêtre, remplissait les mêmes fonctions. D'après un acte du 15 février 1759 il y avait aussi une *école de filles*, tenue alors par Michelle Gardie. Nous avons d'ailleurs constaté un grand nombre de signatures dans les actes de baptêmes, de mariages et d'inhumations ; celles des femmes sont assez rares au XVIIe siècle ; il y en a beaucoup plus au XVIIIe ; l'écriture est même assez belle.

Cueilly le jour de la Purification de la Ste Vierge pour la Charité de Paris 10 sols.

—

*Mémoire de l'argent cueilly pour avoir des ornements entre confraires* 1658 (Dubin, custos.)

(Total du 1er dimanche de may au 2e dimanche de juillet 276 sols, 7 deniers.)

(Du 1er dimanche de mars au 1er dimanche d'octobre cueilly 40 livres 4 deniers.)

(1) La pièce originale signée *Heudeline*, curé, *Chardin*, vicaire, et *Antoine Gaugeard*, est au presbytère de Marigny.

(2) Guillaume Lecoustey, régent de l'école du Mesnil-Amey, assistait à son inhumation.

Les actes sont d'ailleurs rédigés avec un grand soin et renferment souvent des détails assez curieux. (1)

En 1698, la paroisse comptait 250 feux et payait 3,367 livres de tailles; il n'y avait pas de privilégiés autres que le curé, son vicaire et un sieur Margalet , prêtre ; les dîmes valaient 1,000 livres sur lesquelles était prise la portion congrue du curé et de son vicaire. (2)

Les archives du notariat de Marigny ne remontent qu'au milieu du XVIe siècle. La plus ancienne des minutes est de 1562. Voici les noms des notaires :

### De 1562 à 1688.

| | |
|---|---|
| Thyboudet. | Campain. |
| Laurens. | Grould. |
| Lepourry. | Girard. |
| Ferry. | Fernent. |
| de La Mazure. | Laffaiteur. |
| Fossey. | de Pirou. |
| Le Rouxel. | Morel. |
| Le Paulmier. | |

(1) En voici trois entre autres :

7 février 1732.

Philippe Forestier, soldat aux gardes françaises de la compagnie de Priset, que l'on dit être de la paroisse du Mesnilbus, tué hier dans le bourg de Marigny d'un coup de fusil par des commis pour le tabac, inhumé à la réquisition de Charles-François Bellais, sergent ordinaire de Marigny.

15 janvier 1769.

Inhumation de Guillaume Jean, journalier, 60 ans.
— Michelle Le Rendu, sa femme, 55 ans.
— Jean Jean, son fils, 15 ans.
Trouvés morts sous les ruines de leur maison.

10 février 1774.

Louis-Thomas de Clinchamps, 22 ans, écuyer, garde du corps, homicidé d'un coup de fusil, dans une pièce de terre nommée le Clos-au-Blond.

(2) En 1763, Me Charles-François Leconte, sieur du Grimbert, de la paroisse de Quibou, curé de Marigny, obtint, contre les religieux d'Aunay, la 4e partie des dîmes de toute espèce de cette paroisse, au lieu de 100 livres qui était le prix de la pension ; il n'a pu mieux faire, tout cela lui a coûté bien des peines et de l'argent.

Note signée : Ch.-F. Leconte.

*De 1681 à 1791.*

Huault.

Pierre-Jean Brique.

Jean-François Huault.

Pierre Hue.

Jean Dudouyt.

Jacques Caudel.

Jacques de Coquerel.

Bon-François Traisnel.

Jean Voisin.

Ce dernier semble s'être ménagé, avec le marquis de Marigny et la noblesse des environs, des relations considérables. (1)

La BARONNIE (plus tard le MARQUISAT) relevait du roi par foi et hommage, nûment et sans moyen, à cause de la vicomté et châtellenie de Coutances, à gage-plège, cour et usage, service de prévôté, gabelage, graverie, service de quintaine, regard, censerie, entretien des moulins, etc., avec franche bourgeoisie, grand et petit éclusage et autres droits utiles et droits honorifiques. Elle donnait au baron droit de séance à l'Echiquier de Normandie, avec quatorze autres barons du bailliage de Cotentin. (2)

(1)  20 septembre 1777.

Emmanuel Charles *Jean Voisin*, fils du notaire, baptisé, par messire François Michel de Clinchamps, prêtre de cette par. (de Marigny), nommé par messire *Guillaume Remi Charles Cadot, comte de Sebeville,* seigr de la par. de N. D. de Savigny, etc., et noble dame Marie Charlotte Louise Elisabeth Hébert de la Maillardière, son épouse.

10 juillet 1775.

Julienne Louise Elisabeth Voisin, *fille de Jean Voisin, notaire* de Marigny, et de Marguerite Louise Rose Daireaux, nommée par noble *demoiselle Jacqueline Françoise Elisabeth Richier,* dame et patronne de Cerisy, Saussey, Agneville, etc., assistée de Mo Noël J. Piquet, prêtre de la par. de St Nicolas de Coutances, chapelain de l'Eglise cathédrale, en place et par procuration de très haut et très puissant seigneur *Julien Hyacinthe de Marmière de Guer,* chr, marquis de Marigny, baron de Say-Montauban, Cenilly, Quettreville, la Haye-Comtesse, Remilly, seigr de Hauteville-la-Guichard, Mesnil-Vigot, St Louet-sur-Lozon, etc.

(2) *Noblesse du bailliage de Cotentin tenue de comparoir à l'Echiquier de Normandie.*

| | |
|---|---|
| Le comte de Mortain. | Le baron de Varenguebec. |
| Le vicomte de St-Sauveur-Lendelin. | Le baron de la Luthumière. |
| | Le baron de Moyon. |
| Le vicomte de Nehou. | Le baron de St-Paër-le-Servain. |
| Le sire et baron de Briquebec. | Le baron d'Orglandes. |
| Le baron du Hommet. | Le baron des Biards. |
| Le baron de Hambie. | Le baron de Marigny et de Remilly. |
| Le baron de la Haye-du-Puits. | Le baron d'Essay. |

La GRANDE VERGE DE MARIGNY comptait quatre moulins à eau et à blé, d'un revenu de 250 livres ; elle comprenait le FIEF D'AUNAY, aumôné à l'abbaye d'Aunay, dans le diocèse de Bayeux, avec droits de relief, treizième, aide, banalité et service de prévôté, — le fief roturier au *Gascoing*, (1) — et un grand nombre d'arrière-fiefs.— Tous les hommes tenants et habitants de la bourgeoisie de Marigny devaient chacun, à la St-Michel, dix deniers pour gabelage.

La PETITE VERGE DE MARIGNY comprenait les fiefs *ès Auvrais, Duval, du Moulin, Blandin-Cosnuet, à Lointier, au Camp, à Lengretz*, les ténements de *la Grimaudière, des Rondes-Fosses*, etc.

Il y avait pour la baronnie une *haute-justice* établie en 1465 en faveur de Jean, sire de Montauban. Le cours en fut interrompu pendant quelque temps ; elle fut rétablie en 1586, après une enquête qui dura trois ans. Pierre Michel, sieur du Mesnil, lieutenant général du bailli de St-Sauveur-Lendelin, n'y mit aucune opposition, et Henri III, malgré les réclamations du duc de Joyeuse, accorda le 15 mai 1586 des Lettres patentes faisant défense aux officiers de Coutances et de St-Sauveur-Lendelin de troubler les officiers du prince de Guémené dans l'exercice de leurs fonctions, leur donnant assignation au Conseil privé pour dire leur cause d'opposition, et se voir condamner aux dépens, dommages et intérêts envers le prince de Guéméné et *ses sujets*. (2)

Parmi les droits seigneuriaux dont jouissaient les barons et les marquis de Marigny, notre attention a été spécialement attirée sur le *droit de chasse et de pêche*, auquel ils tenaient beaucoup, cómme tous les seigneurs, bien qu'ils ne résidassent guère. Le 3 août 1612, Alexandre de Rohan obtint des Lettres patentes du

(1) Il avait le même sénéchal et le même greffier que les autres fiefs de la paroisse de Marigny. En 1707 les assesseurs et collecteurs de la paroisse de Marigny déclarent au sieur de Longbois qu'ils ne savaient de qui relevait ce fief.

(2) Inventaire, *p.* 2 et 3.

Roi, adressées au grand prévôt de Normandie, au bailli de Cotentin et au sénéchal de Marigny, portant défense de chasser et de pêcher, de quelque manière que ce fût, sur les terres, seigneuries, rivières, marais et étangs du marquisat, à peine de 1,000 livres d'amende pour la première fois, et de punition corporelle en cas de récidive. On peut croire que cette mesure avait été amenée par des abus considérables; mais elle n'empêcha pas que, le 17 septembre suivant, on ne dût dresser procès-verbal contre quatre ou cinq particuliers, qu'on avait trouvés chassant sur les terres de Marigny, avec cornets et une meute de douze à quinze chiens. (1) Le 16 septembre 1631, le sieur de Montfort, Henri-Marie Le Marquetel, dut être également rappelé à l'ordre, et on lui signifia les Lettres patentes de 1612; (2) enfin le 4 juillet 1681, une sentence du présidial de Coutances, rendue à la requête M<sup>me</sup> de Guéméné, contre Pierre Darthenay, laboureur, un des tenants de la marquise, convaincu d'avoir tué des pigeons, des lièvres et autre gibier sur la seigneurie, le décréta de prise de corps. Il fit défaut, et on ordonna que la sentence serait exécutée à ban. (3)

Vers la même époque (21 septembre 1694) le marquis eut à réprimer une tentative d'un autre genre. Les habitants de Marigny avaient pris l'habitude de se placer à l'église dans le banc seigneurial situé dans le chœur. On fut obligé d'interdire cet envahissement par acte publié à l'issue de la grand'messe. (4)

Il y avait à Marigny *trois foires par an et un marché* la semaine; les Lettres d'érection furent accordées en avril 1570 par Charles IX. (5) Le marché se tenait près du cimetière; (6) qui était alors à l'ouest de l'église; il y avait des halles, avec étaux, pour la boucherie (7) et la poissonnerie. (8) En face, un sieur Guillet, marchand de St-Lo, avait établi des boutiques (1694) pour lesquelles il payait un droit. Ces foires et ces marchés étaient très-fréquentés, et les marquis firent tous leurs

(1) Inventaire, *p.* 6. — (2) Id., *p.* 7. — (3) Id., *p.* 14. — (4) Id., *p.* 250. — (5) Id., *p.* 2. — (6) Id., *p.* 118. — (7) Id., *p.* 118. (8) Id., *p.* 186.

efforts pour en maintenir la prospérité. Un procès, qui ne dura
pas moins de trente ans, eut lieu avec Jean Richer, sieur de
Cerisy, qui voulait avoir aussi ses foires et ses marchés à Cerisy.
Louis Habert, voyant que ce serait la ruine du commerce de
Marigny, soutint les droits de son marquisat, et un arrêt du
Parlement de Rouen (10 mars 1671) lui donna pleine satis-
faction. (1)

*Le droit de jauge et de visite* des foires et des marchés fut
aussi une cause de litige. Bernard Fallaize, jaugeur-visiteur
royal au bailliage de Cotentin, prétendait en jouir. L'affaire fut
portée devant le Parlement de Rouen (2) (1630) et se termina
par un accord à l'amiable. Quant aux poids et mesures, c'était
l'un des tenanciers du marquisat qui avait le privilége, à condition de les tenir en bon état, et de payer une rente seigneuriale. (3) — La ferme du *quatrième* sur le vin, le cidre et autres
boissons, pour Marigny et les autres paroisses, était donnée à bail
en 1634 pour 1,000 livres par an; (4) en 1636, elle s'élevait à
1,600 livres. (5)

*Les revenus* du marquisat lui-même étaient affermés; nous
avons la date de différents baux qui peuvent nous fixer sur leur
valeur. En 1327, ils étaient de *700 livres,* en 1595, de *4,200
livres;* en 1618, de *5,400 livres;* en 1636, de *6,300 livres;* en
1646, de *7,060 livres;* en 1658, de *7,500 livres;* en 1673, de
*6,600 livres;* en 1677, de *7,475 livres.* (6) Ils consistaient en argent, froment, orge, avoine, farine, pains, chapons, oies, gelines,
poulets, pigeons ( pour droits de fuie ou de volière ), épervier,
œufs, moutons, porcs, 275 anguilles à la Saint-Sébastien ( pour
droits de pêche ), une langue de bœuf, du poivre, de la cire,
une livre de cumin, des gluds, des éperons, des corvées de char-
rue et de charriage pour les foins, les pommes, les bois de pres-

(1) Inventaire, *p.* 9 et 10. Dans le procès-verbal de ses chevauchées,
en 1707, le sieur de Longbois constate que le *marché de Marigny est
fort diminué à cause de l'érection du marché de Canisy.*

(2) Id., *p.* 4 et 5. — (3) Id., *p.* 5, 6 et 7. — (4) Id., *p.* 7. — (5) Id., *p.*
30 et 31.

(6) Les deux moulins de Marigny valaient 400 livres (1674).

soir. Le curé de Marigny, à cause de la fieffe d'une portion de terre près du cimetière (15 mai 1602), devait, entre autres choses, un coq le lendemain de Pâques, et trois bâtons *pour tirer audit coq, suivant la manière accoutumée.* ( Cet usage existe encore à Bretteville-sur-Odon, près Caen ).

On trouve aussi deux aveux du 9 décembre 1558 et du 3 juin 1572, rendus à Louis de Rohan, marquis de Marigny, par Guillaume et Pierre *L'hermitte,* bourgeois de Coutances ( probablement les aïeux de l'amiral), pour une maison, place, terre et jardin assis en la bourgeoisie de Coutances, paroisse St-Nicolas, pour lesquels ils devaient trente sous à la St-Michel, et un *chapeau de roses* à la St-Jean-Baptiste, quand le seigneur était présent à sa baronnie, ou 2 deniers tournois pour ledit chapeau. — Cette maison, qui avait appartenu antérieurement à *Colin Homeril,* était tenue par foi et hommage. Avec le jardin, elle occupait environ une vergée de terre, *joignant d'un côté à la grand'rue tendante à l'église cathédrale, à l'écluse étroite, et butait d'un but aux héritiers de Jean Corbet.* Toutefois Guillaume L'hermitte se réservait d'affranchir ladite rente, *vu qu'il était en la franche-bourgeoisie de Coutances.* (1)

Parmi les *noms de champs ou de terres,* dans la paroisse de Marigny, nous en avons relevé quelques-uns qui nous ont paru dignes d'être mentionnés. Tels sont : le *Champ-des-Tombes ;* la *Pièce-des-Vignes ;* le *Champ-du-Vinage ;* le *Tonnerre ;* le *Jardin-à-Drogues ;* la *Vieille-Navière ;* le *Clos-des-Féages ;* le *Clos-au-Cuir ;* la *Poterie ;* le *Jardin-de-la-Froide-Rue ;* le *Champ-au-Roi ;* le *Champ-du-Grand-Pilier ;* le *Champ-des-Guerrières ;* le *Champ-de-la-Foire ;* le *Village-de-la-Clergerie ;* le *Clos-au-Moine ;* le Clos-de-l'Ecole ; la *Maison-de-la-Taverne ;* le Moulin-a-Drap, dont nous trouvons l'existence constatée pendant trois cents ans, de 1361 à 1671 ; enfin le *Clos-ès-Malades ;* le *Champ-de-la-Maladerie* et le fief au *Malade,* tenu en arrière-fief du Mesnil-Alaume. — Cette maladrerie,

(1) Inventaire, *p.* 90 et 91.

dont M. Renault n'a pas parlé dans ses *Nouvelles Recherches sur les Léproseries et Maladreries en Normandie*, (1) était établie à la chapelle St-Léger, dont le patronage et la présentation étaient contestés entre le marquis de Marigny et l'abbaye d'Aunay. Les seigneurs de Marigny prétendaient prouver leurs droits par la présentation paisible qu'ils avaient faite, en 1560, de Gatien Ribot, prêtre. Quant à la Maladrerie elle-même, qui fut réunie à l'ordre de St-Lazare, sous Louis XIV, on trouve une transaction sur procès, en date du 3 mai 1443, passée entre Jean Le Massey, usant du droit de Colin Bellot d'une part, et Jean Le Sauvage, procureur de vénérable personne frère Michel Caillard, religieux, et Mariette, femme dudit Sauvage, *rendu malade à la Maladrerie de St-Léger*, d'autre part, au sujet du chemin de passage prétendu par ledit Le Massey sur les terres de la Maladrerie, et contesté par le procureur de Michel Caillard.

## IV.

### Barons et Marquis de Marigny.

« Les plus anciens barons de Marigny dont j'aie connaissance,
» dit M. de Gerville, appartiennent à une des principales familles
» normandes établies en Angleterre dès le temps de la conquête,
» c'est celle de Say (ou de Sey), qui tirait son origine d'une
» commune de l'arrondissement d'Argentan.

» Dans le XIe volume du *Gallia Christiana*, je trouve une
» charte de 1060, où figure *Picot de Say*, avec *Robert et Henri*
» ses fils ; (2) ils font à St-Martin de Séez des donations dans la
» paroisse de Say.... »

I. — A la même époque, vers 1050, Enjuger de Say confirmait les donations faites à l'église de Marigny, le jour de sa dédicace, par Robert, fils de Rainfroy de Remilly, et autres, en pré-

(1) *Mémoires des Antiquaires de Normandie,* t. XXVIII, *p.* 100.
(2) Instrum. Eccles. Sagiens. *Col.* 152.

sence de Robert d'Anières, de Hugues de Say, de Robert de St-Ebremond, etc. Nous devons le regarder comme le premier baron de Say (ou de Marigny) : c'est du moins le premier qui nous soit authentiquement connu.

II. — « Dans le siècle suivant, JOURDAIN, seigneur de SAY et » d'Aunay, et Luce, sa femme, fondèrent l'abbaye d'Aunay (1) » (1131). »

III. — GILBERT DE SAY confirma en 1151 les donations faites par son père Jourdain à l'abbaye d'Aunay et y en ajouta de nouvelles. Il data sa charte *de son château de Marigny*, (2) et mourut peu après, sans avoir été marié.

IV. — AGNÈS DE SAY, dame de Beaumont, sa sœur et unique héritière, épousa RICHARD Ier DU HOMMET, connétable de Normandie, seigneur de Remilly, et lui apporta en mariage tous les biens de sa famille. (3) C'est lui qui, en 1163, s'empara du château de Combourg, en Bretagne. En 1144 il avait donné la foire de St-Fromond aux moines du lieu, et il mourut vers 1180.— Conjointement avec sa femme et ses trois fils, *Guillaume, Enguerrand* et *Jourdain,* il avait confirmé les donations faites par Jourdain de Say à l'abbaye d'Aunay, et parmi celles qu'il y avait ajoutées on voit l'*église de Marigny avec le bourg,* (4) et on trouve un certain *Robert de Marigny* qui signe dans cette charte.

V. — GUILLAUME II DU HOMMET, connétable de Normandie, comme son père, baron du Hommet, fut aussi baron de Remilly et de Marigny, du chef de sa mère, Agnès de Say. Il eut au moins six fils de sa femme, *Luce de Bruis* (Richard, Guillaume, Henri, Jourdain, Thomas et Enguerrand); mais l'aîné, *Richard II,* mourut vers 1200, et lui même en mourant (1209) laissa son

(1) *Gall. Christ.*, t. XI, col. 443. — de Gerville, *Recherches sur les anciens châteaux, etc.* — *Pièce justificative n° I.*

(2) *Gall. Christ.*, ibid.; *Neustria pia,* p. 760.

(3) *Pièce justificative n° II.*

(4) *Neustria pia,* p. 759. — Dans le *Livre Noir* de l'évêché de Coutances on lit : *Ecclesià de Marigneio, patronus abbas de Alneto.*

héritage à Guillaume III du Hommet, son petit-fils, moins probablement la baronnie de Marigny. — Il avait assisté en 1190 à la dédicace de l'abbaye d'Aunay.

VI. — ENGUERRAND DU HOMMET eut pour sa part la baronnie de Marigny et de Remilly, dont il faisait déjà le service du vivant de son père. (1)

VII. — JOURDAIN DU HOMMET, qui figure en 1253 comme connétable de Normandie, lui succéda ; mais après lui la baronnie tomba en quenouille, et fut démembrée de l'Honneur du Hommet. L'histoire de l'illustre famille des du Hommet est très-obscure à cause du grand nombre des branches qui la composent. Leurs armes étaient d'*argent à trois fleurs de lys de gueules*.

VIII. — RICHARD Ier DE COURCY commence la troisième famille des barons de Marigny. La baronnie lui avait été apportée en dot par *Mabile* *** sa femme. En 1260, il confirma aux religieux de l'abbaye d'Aunay la donation des églises de Marigny et de Remilly qui leur avait été faite par ses ancêtres. (2) La

(1) *Registrum Domini Illustrissimi Regis Philippi, de feodis.* (1199). . . . . . . . . . . *Feoda Guillelmi de Humeto :* Guillelmus de Humeto, constabularius Normannie, tenet de domino Rege Honorem de Humeto per servicium quinque militum et habet de eadem baronia XXII feoda militum ad servicium suum proprium que reperiunt quinque milites quando opus est ad servicium domini Regis.

Item constabularius Normannie debet domino Regi de Honore de Rumili servicium duorum militum et dimidii quod Engerrannus de Humeto facit domino Regi per manum constabularii antenati sui.

Guillelmus Grimault tenet inde septimam partem unius feodi apud Marregni.

Engerrannus de Campo Rotundo tenet inde feodum unius militis apud Loreium et Campum Rotundum et alibi.

Guillelmus de Bohon tenet inde feodum unius militis.

Renaud de Tot tenet inde feodum unius militis.

Rollant de Monteforti tenet inde terciam partem unius feodi sicut de antenato suo.

Hugo de Guarencort tenet inde feodum unius militis.

Guilelmus Mauconvenant tenet inde terciam partem unius feodi.

*Mém. des Antiq. de Norm.*, t. XV, p. 169, c. 2.

(2) Universis presens scriptum inspecturis Ricardus dominus de Corceio, miles, salutem in Domino. Noverit universitas vestra quod ego in grangiis abbatis et conventus de Aleto, que sunt apud Marri-

famille de Courcy , qui subsiste encore aujourd'hui , remonte jusqu'au XI⁰ siècle et a pris son nom de la baronnie de Courcy (1) ( élection de Falaise, diocèse de Séez). Elle s'est divisée en plusieurs branches et le nombre des fiefs qu'elle a possédés dans les départements actuels de la Manche et du Calvados est très-considérable. Les *de Courcy* portaient d'*azur fretté d'or de six pièces.* Plusieurs d'entre eux furent *grands sénéchaux* de Normandie : c'était la première charge du duché.

IX. — ENGUERRAND DE COURCY succéda à Richard I⁰ʳ comme baron de Marigny et de Remilly. En 1261, il donna une charte de confirmation des donations faites par ses ancêtres à l'abbaye d'Aunay , de concert avec *Guillaume*, *M⁰ Jean* et *Nicolas* ses frères. (2)

X. GUILLAUME DE COURCY , chevalier , probablement le frère du précédent, lui succéda. Il y a une charte de lui en août 1270, au sujet du four banal qu'il venait de faire reconstruire à Marigny. La Chesnaye des Bois se trompe quand il dit qu'il épousa « *Anne de Marigny*, dame et héritière des terres de Marigny et » de Remilly, qu'elle apporta dans cette maison.» Il est cité parmi les bienfaiteurs des abbayes d'Ardennes, de Ste-Barbe et de St-André-de-Gouffern.

XI. — GEOFFROY DE COURCY, « sire et baron de Courcy,

gneium et Rumilleium nichil omnino percepi, ratione Mabilie quondam uxoris mee defuncte, neque stratum, neque bladum, neque aliquam aliam omnino rem..... In cujus testimonium presens scriptum sigilli mei testimonio confirmavi. Datum anno Dⁿⁱ M⁰ CC⁰ sexagesimo.

*(Archives de la Manche.)*

(1) La Chesnaye des Bois lui a consacré un long article dans son *Dictionnaire de la Noblesse.*

(2) Notum sit omnibus presentibus et futuris quod ego Enguerrannus de Corceio, dominus de *Rumilleio* concessi et confirmavi, concedentibus. et confirmantibus fratribus meis, videlicet : Guillelmo, Magistro Johanne et Nicholao, Abbati et conventui de Alneto, universas donationes et elemosinas et acquisitiones a quibuslibet antecessoribus nostris seu ab aliis in dominatione nostra factas eisdem..... Et ut hoc ratum et stabile in perpetuum perseveret, Ego Enguerrannus et predicti fratres mei presentem cartam confirmavimus nostrorum impressionibus sigillorum. Actum anno Dⁿⁱ M⁰ CC⁰ LXI⁰.

*(Archives de la Manche.)*

» seigneur de Montfort et du Bourg-Achard, de Marigny et de
» Remilly, est connu de tous les généalogistes pour fils de Guil-
» laume de Courcy. Tous parlent de son mariage avec Marie
» d'Estouteville... On croit qu'il fut tué à la bataille de Crécy ;
» ... toutefois cette opinion n'est fondée que sur une note trouvée
» dans les papiers de la famille, et qui paraît ancienne. Elle porte
» ces mots : *Geoffroy, Baron de Courcy, fils unique de Guil-
» laume, fut tué sous le règne de Philippe de Valois.* — Les
» enfants qu'il eut de son mariage sont *Richard... Guillaume...
» Jean...* et *Marie* alliée à Guillaume de Bricqueville. »

XII. — RICHARD II DE COURCY. — Ici se présente une difficulté
historique sur la question de la transmission de la baronnie. Voici
ce que rapporte La Chesnaye des Bois :

« Jean de Courcy eut en partage les terres de Marigny et de
» Remilly. Sa postérité s'est éteinte à la première génération ,
» n'ayant eu de sa femme, dont le nom est inconnu, que *Jeanne
» de Courcy,* appelée mal à propos par le P. Anselme *Thy-
» phaine,* mariée à Gilbert de Mallemains, seigneur de Sacé,
» laquelle n'eut qu'une fille nommée aussi Jeanne, mariée à
» Olivier, IV du nom, sire de Montauban. Les baronnies de Ma-
» rigny et de Remilly ont ensuite passé par alliance dans la
» maison de Rohan. ( *Voy.* le P. Anselme, *Histoire des grands
» officiers de la Couronne,* t. II.) Il y eut un procès entre le
» comte d'Harcourt et les héritiers de *Jean de Courcy,* sei-
» gneur de Remilly ( *V.* l'*Histoire de la Maison de Harcourt,*
» t. III, *p.* 484), où il est rapporté trois arrêts de la cour de
» l'Echiquier, qui parlent des héritiers de *Jean* et de *Jeanne de
» Courcy,* sa fille, seigneur et dame de Remilly, etc. »

« *Richard,* sire et baron *de Courcy,* 2e du nom, fut marié,
» du vivant de son père, avec Alix Bertrand, fille de Robert
» Bertrand, baron de Bricquebec et vicomte de Roncheville, et
» d'Ide de Nesle. Il s'appelait alors baron de Remilly, parce qu'il
» y faisait sa demeure ; mais après la mort de son père, il s'ap-
» pela, comme lui, le sire *de Courcy.* Bien des auteurs, et
» entre autres Moréri, semblent ne l'avoir connu que comme

» baron de Remilly ; il est cependant certain qu'il n'eut point
» cette baronnie en partage et qu'elle était tombée en quenouille
» de son vivant. »

Nous croyons néanmoins que *Richard de Courcy* fut non-seu-
lement seigneur de Remilly, mais baron de Marigny. En 1299,
il octroya aux moines de l'abbaye d'Aunay une charte portant
confirmation des donations faites par ses prédécesseurs dans les
églises de Marigny et de Remilly. (1) Cependant l'abbé d'Aunay
ayant eu à se plaindre quelque temps après des empiétements du
baron sur les droits de l'abbaye, un accord passé en 1309, par
devant le bailli du Cotentin, Louis de Villepereur, rétablit la bonne
harmonie. (2) Il est encore connu comme baron de Marigny par
l'accord qu'il fit en 1318 avec les hommes de Saint-Louet-sur-
Lozon, par devant Adrien Fressent, tabellion royal à Coutances.

(1) Notum sit omnibus presentibus et futuris quod ego *Ricardus de
Courceio*, miles, Dnus de Rumilleio, concessi et presente carta sigillo
meo munita confirmavi abbati et conventui B. Marie de Alneto omnes
et singulas donationes, elemosinas, emptiones et acquisitiones a quibuslibet antecessoribus meis seu ab aliis quibuscumque in omni feodo et
dominatione mea ubicumque factas eisdem..... in terris et in ecclesiis
videlicet de Marigneio et de Rumilleio, cum capellis, terris et decimis
pertinentibus, nec non et cum aliis omnibus ecclesiis, terris et decimis.... nihil omnino juris et dominationis mihi vel heredibus reser-
vans et reclamans in posterum quacumque occasione in omnibus
supradictis preter orationum suffragia que fiunt et fient de cetero in
Abbatia predicta, nisi solummodo stramina que ego et heredes mei
percepimus in grangia eorumdem de Rumilleio sicut antea percepimus et insuper quod homines eorumdem de Marigneio in furno meo
de *Marigneio* coquent per furnagium panem suum..... In cujus testimonio, etc. Datum et actum anno anno Dni Mo CCo nonagesimo nono,
mense aprilis.                              (*Archives de la Manche.*)

(2) Accord devant Loys de Villepereur, bailli de Cotentin, entre noble
hœ Monsieur *Richart* de *Courchy*, chr seigneur de Rumillie, d'une
partie, et hommes religieux l'abbey d'Aunay d'autre; sur plusieurs
injures, excès et violences de diverses manières et de diverses con-
ditions que le dit chevalier et ses genz avoient faiz et s'efforcoient faire
aus dis religieus tant en leurs personnes que en leurs biens et en lenrs
choses que ilz tiennent et ont tenu.... tant du don des ancessours du dit
chevalier, comme en celles que ilz ont acquises en ses fieus.... et
espécialement sur ceu que euls se douloient de ce que ledit chevalier
ou ses genz justicioient ou voloient justicier eulz et leurs hommes
pour quinze cens d'estrains de feurre qu'ils avoient accoustumé à
prendre d'annuel rente cescun an sur les granches aus dis religieus de
*Marigny* et de *Remilly*.....: MCCCIX.      (*Archives de la Manche.*)

— Enfin dans l'*Etat des fiefs du bailliage de Cotentin*, dressé
en 1327 (dont une copie est aux archives de la Manche, et une
autre à la bibliothèque de Coutances), on lit :

« *Tenants du roy.* — *Sergenterie de Jehan de la Halle.*

» M. *Ricart de Courcy*, chevalier, seigneur de Remilli, tient
l'honneur de Marrigny o ses appartenances du roy nostre sire
par hommage, et y a plusieurs fiefs francs dudit chevalier franchement, lesquels sont montrés par ceux qui les tiennent, et est
a sçavoir que ledit chevalier veut avoir l'hommage et connaissance des fieux que ledit *Guillaume de Montfort* tient en l'honneur dudit ténement, dont contens est entre ledit Ricart et ledit
Guillaume en la cour du roy, se ainsi n'est que ledit Guillaume
puisse qu'il soit encore en tel estat qu'il le tienne de li en parage et peut valloir bon an mal an, au regars de la mesure qui
est petite, 700 livres de revenu ans communs. »

Dans le même Etat nous avons également l'indication d'un certain nombre de fiefs relevant de Richard de Courcy. (1)

XIII. — Typhaine ou Jeanne de Courcy, nièce de Richard,
devint baronne de Marigny du vivant de son oncle qui n'avait
pas eu d'enfants de son mariage avec Alix Bertrand, mais qui
eut deux fils, *Guillaume* et *Gillet*, de son second mariage avec
*Agnès du Plessis*. Elle épousa *Gilbert de Malesmains*, seigneur
de Sacey, et lui apporta en dot les baronnies de Marigny et de
Remilly, et la seigneurie de St-Louet ; mais cette quatrième famille ne devait pas les conserver longtemps. (2)

(1) *Pièce justificative n° III.*
(2) Dans l'état des fiefs de 1327 on lit :
*Sergenterie Clément d'Anfarville.*
M. *Raol de Saucey*, clerc, tient un ténement à Bricqueville-sur-la-Mer,
de *Guillebert de Malemains*, escuyer, par hommage, et vaut 60 s. de
revenu ou viron, bon an mal an.
*Sergenterie Maufras.*
*Fraslin de Malesmains* tient le fié de Sae de M. *Guillebert de Malesmains*, chevalier, sgr de Sayé en parage par le 1/6 d'un fié de chr
et rent le dit fié au roy 2 s. 4 d. à la mi-caresme pour layde au conte
et 10 hommes à garder une nuit les foires de Montmartin, et ont les
hommes du dit fié leurs quittances ès foires et marchés du roy, et vaut
commun ans 8 livres de revenu.

XIV. — JEANNE DE MALESMAINS, leur fille aînée, les porta dans la famille de *Montauban*, par son mariage avec OLIVIER IV, SIRE DE MONTAUBAN, seigneur breton, qui commença la cinquième famille des barons de Marigny et mourut en 1388, (1) cinq ans après sa femme.

XV. — OLIVIER V, SIRE DE MONTAUBAN, leur fils aîné, leur succéda en 1388. Il avait épousé Mahaud d'Aubigné, dame de Landal.

XVI. — RENAUD DE MONTAUBAN, leur troisième fils, fut seigneur de Crespon et de Marigny; il fit hommage en cette qualité le 14 octobre 1394. Il n'a pas laissé de postérité, et son frère aîné lui succéda à la seigneurie de Marigny.

XVII. — GUILLAUME, SIRE DE MONTAUBAN, de Landal, etc., chancelier de la reine Elisabeth de Bavière, était seigneur de Marigny et Remilly, et en rendit aveu au roi en 1408. Il portait le titre de *haut et puissant seigneur* et *chevalier*, et avait *un château avec douves, fossés et un vivier à refoul*. Il est mort en 1432. Il avait épousé en premières noces *Marguerite de Lohéac de la Roche-Bernard*, et en secondes noces (1411), *Jeanne Visconti de Milan*, fille de Charles Visconti, seigneur de Parme, et de Beatrix d'Armagnac. Il eut pour sénéchal Jean Petiot.

De 1415 à 1450, la Normandie ayant été soumise à la domination anglaise, les Montauban perdirent momentanément leurs possessions, et les baronnies de Marigny et de Remilly furent possédées par des seigneurs anglais.

Toutefois, bien qu'il ait dû y avoir à Marigny certaines défections, la confiscation des domaines de Guillaume de Montauban lui fait honneur. Le peuple lui-même résista courageusement aux envahisseurs. « Aux alentours de Coutances, de Saint-Lo,

*Tenants du Roy.*— *Vicomté d'Avranches.*—*Serg. Pigache.*

M. Gillebert de Mallemains, chr, sire de Sacé, tient du roy ès paroisses de *Sacé, Vecé, Montanel* et *Guernel*, par un membre de haubert, et en fait service d'un chevalier quand le cas s'offre en temps de guerre et vaut de revenus ce qui y appartient environ 800 livres dont il chiet 264 livres 13 s. 4 d., tenus de *St-James-de-Bevron*, demeure à 533 livres 6 s. 8. d.

(1) Le P. Anselme, *Grands officiers de la couronne*, t. VI, p. 856, 857.

» et surtout dans l'Avranchin, dit Toustain de Billy, un paysan
» de la paroisse de Marigny, nommé Richard Le Marié, et ses
» trois fils, firent une guerre de partisans. Leur modeste fortune
» fut confisquée, mais leur bande vigoureuse et déterminée fit
» payer cher aux Anglais cette perte dont ils furent, d'ailleurs,
» indemnisés quand Charles VII... eut expulsé les étrangers.
» Le père, ayant été fait prisonnier dans une rencontre, fut
» décapité, mais le zèle et le courage de ses trois fils et de leurs
» compagnons n'en fut pas ralenti. Ils avaient à venger la mort
» d'un brave vieillard, et un grand nombre d'Anglais la payè-
» rent de leur vie. »

Cette résistance héroïque des paysans et des gentilshommes déshérités s'étendit dans toute la province, et rendit bien précaire la situation des concessionnaires de fiefs et des colons anglais. L'histoire en a été retracée d'une façon saisissante par *M. Léon Puiseux*, sous ce titre : *L'Emigration normande et la colonisation anglaise en Normandie au XV<sup>e</sup> siècle.* (1)

Il y eut à Marigny trois barons anglais.

XVIII. — Le premier fut RICHARD DE SEAFORT ; en 1424 il reçut en cette qualité un aveu pour le fief de la Courandière, situé au Lorey : et cependant en 1426 Guillaume de Montauban recevait, en la même qualité, un aveu pour le fief *Prevel*, situé à Remilly ; ce qui prouverait la résistance opposée par certaines familles aux envahisseurs.

XIX. — CHARLES DE THYBOUTOT, chevalier normand qui avait suivi le parti de Henri V, fut baron de Marigny dès 1427. Il reçut alors un aveu pour le fief *Hercent*, situé à Hauteville-la-Guichard.

XX. — THOMAS DE THYBOUTOT, chevalier, fils du précédent, lui succéda en 1430 comme baron de Remilly et de Marigny ; il avait épousé madame de Tilly. Il réintégra Guillaume Pestel dans la possession des terres et biens de la Pestellerie, à Remilly, provenant de la succession de Guillaume Pestel, prêtre, dont il

(1) Mémoires lus à la Sorbonne en avril 1865, *Histoire, philologie et sciences morales.* Paris, in-8°, 1866, *pp.* 313-401.

était l'héritier (21 janvier 1437). (1) Après lui, la baronnie revint à ses légitimes seigneurs.

XXI. — Jean, sire de Montauban, de Landal, de Remilly, de Marigny, de Gonneville, de Crespon, etc., conseiller et chambellan du roi, maréchal de Bretagne, grand-bailli du Cotentin de 1451 à 1454, était né du second mariage de Guillaume, sire de Montauban. Il épousa *Anne de Kerenrais*, dame de Kerenrais et de la Rigaudière. En 1450 il était grand-maître des eaux et forêts ; en 1461 il était amiral de France. Rentré en possession de ses biens après l'expulsion des Anglais, il rendit aveu au roi le 20 mai 1450 des baronnies de Marigny, Remilly et Say, anciennement tenues en deux parties, l'une par Guillaume de Montauban son père, et l'autre par *Robert de St-Denis* et la dame sa femme, à cause d'elle. (2) — Il y a encore un autre aveu de lui le 21 mai 1457.

Il acquit en 1461, pour 1,800 écus d'or, de Guyon d'Espinay, seigneur du Bois-du-Lys, le fief, terre et sieurie de Hauteville-la-Guichard qu'il réunit à la baronnie de Marigny. (3) — En 1466, peu de temps avant sa mort, il prit place à l'Echiquier de Normandie, parmi les grands barons du Cotentin.

Ses officiers furent : Michel Scelles, sénéchal de Marigny ; Jean de Gouey, son lieutenant ; Guillaume Pestel, procureur ; — Pierre Potier, sénéchal ; Jean Le Guelinel, son lieutenant ; Guillaume Mondray, procureur. En 1461, Allain Plumengard était maître d'hôtel, et Jean de Gouey, lieutenant de la *vicomté* de Marigny.

XXII. — Marie de Montauban, fille et unique héritière de Jean sire de Montauban, épousa d'abord en 1443 Louis Ier de

---

(1) Cet acte fut confirmé le 18 avril 1464 par Jean, sire de Montauban, en faveur de Jean et de Guillaume Pestel.

(2) Cependant on trouve un aveu rendu en 1453 à messire Thomas de Thyboutot, baron de Marigny et de Remilly, pour le fief de la *lande ès Giards*, au Mesnil-Vigot.

(3) En 1462 il y a un *vidimus*, donné par le garde du scel des obligations de la *vicomté de Marigny*, de l'aveu rendu au roi par l'abbé d'Aunay. — Léchaudé d'Anisy, *Archives du Calvados* (Abbaye d'Aunay n°,321.)

Rohan, seigneur de Guéméné, Guingamp, la Haye-Comtesse, etc., qui mourut le 15 décembre 1457. — En secondes noces, le 20 janvier 1467, elle épousa Georges de la Trémoille, seigneur de Craon, de Jonvelle, de Rochefort, de l'Isle-Bouchard, conseiller et premier chambellan du roi, qui mourut en 1481. Elle n'en eut pas d'enfants et mourut en 1477. Le seigneur de Craon conserva la baronnie jusqu'à sa mort. Le 15 septembre 1477, il fieffa à Jean Pestel le fief de Mons, sis à Remilly.

XXIII. — Louis II de Rohan, fils des précédents, sire de Guéméné, Guingamp, Montauban, fut baron de Remilly et de Marigny dès le 29 juin 1481. Il rendit aveu de ses terres en 1486 et en 1499 en la vicomté et chambre des comptes de Saint-Sauveur-Lendelin. Il épousa *Louise de Rieux d'Harcourt*.

Ses officiers furent : Pierre Potier, sénéchal ; en 1494 Nicolas Le Gascoing, écuyer, receveur, et Guillaume Malenfant, procureur. Il mourut le 25 mars 1508.

XXIV. — Louis III de Rohan, seigneur de Guéméné, fils du précédent, étant mort avant son père (31 août 1498), après avoir épousé *Renée du Faou*, dame de Montbazon, ce fut son fils, Louis IV de Rohan, qui succéda à Louis II comme baron de Marigny ; il en rendit aveu en 1518 et en 1522-23. Il mourut en 1527, après avoir épousé une de ses cousines, *Marie de Rohan*, qui eut la curatelle de Louis V de Rohan par arrêt en date du 29 juillet 1527.

XXV. — Louis V de Rohan, sire de Guéméné, comte de Montbazon, baron de Remilly et de Marigny, rendit aveu le 16 janvier 1530, puis le 30 mars 1532 à la cour des comptes de Normandie, et le 24 octobre 1534 aux assises de Coutances.

Ses officiers étaient Jean Martinel, lieutenant ; Julien Le Cornu, écuyer, procureur ; en 1538, Jean Martinel, lieutenant-général de M. le sénéchal ; en 1540 et 1548, Pierre-Michel de Vesly, écuyer, sénéchal ; Nicolas Le Darondel, procureur ; en 1540, Martin Michel, écuyer, procureur ; en 1547 et 1548, Jacques Le Cocq, écuyer, lieutenant-général de M. le sénéchal ; Nicolas Le Darondel et Julien Le Cornu, écuyer, procureurs ;

Jean du Bouillon, avocat de la baronnie; en 1550 et 1557, Vincent Quesnel, lieutenant-général du sénéchal, et Nicolas Le Darondel, procureur.

Il avait épousé *Catherine de Laval*, en 1526.

XXVI. — LOUIS VI DE ROHAN, dit l'*Aveugle*, leur fils, sire et prince de Guéméné, Guingamp, baron de Lannion, Rochefort, Moison, Condé-sur-Noireau, Marigny, Remilly, Say, comte de Montauban, gentilhomme ordinaire de la chambre du roi, capitaine de 50 hommes d'armes, devint aveugle dès l'âge de 5 ans. Il épousa *Eléonore de Rohan de Gié*, comtesse de Rochefort. Il en eut quatre fils : 1° *Pierre*, dont la fille *Anne* fut plus tard marquise de Marigny ; 2° *Louis* qui, en 1575, après une longue absence causée par les troubles de l'Etat, et ses différents emplois dans les armées, réclama ses droits sur la baronnie de Marigny ; 3° *Hercule*, qui a continué la branche aînée des princes de Guéméné-Montbazon ; et *Alexandre*, qui fut marquis de Marigny.

En 1573, il nomma à la cure de Hauteville-la-Guichard Me Gilles Laffauteur, prêtre. — En 1575, il céda la seigneurie de Hauteville-la-Guichard à Henri de Silly, chevalier, comte de la Roche-Guyon, en échange de la terre de Rochefort ; en 1582, il racheta Hauteville. — Le 30 décembre 1575, il obtint du roi des Lettres qui lui permirent de retirer la rente de 130 livres qu'il devait pour la fiefferme de St-Louet au sieur de Hubertant, qui l'avait achetée du chapitre de Coutances, et remise lui en fut faite par acte du 14 septembre 1578. — Par trois donations successives du 16 mai et du 1er décembre 1594, et du 27 novembre 1609, il légua la baronnie de Marigny et ses dépendances à son quatrième fils *Alexandre ;* il rendit aveu en 1610, et mourut le 14 mai 1611.

Ses officiers étaient : Julien Lecornu, écuyer, sénéchal de 1556 à 1561 ; noble homme Nicolas Le Darondel, procureur de 1566 à 1575 ; Vincent Quesnel, lieutenant-général du sénéchal de 1556 à 1575 ; Arthur Michel, écuyer, sieur de Bellouze, sénéchal en 1564 ; Jean du Bouillon, procureur en 1567 ; Michel Daireaux, avocat *en cour laye*, exerçant la juridiction de la baronnie en

1572 ; Julien Girard ou Gueroult, avocat *en cour laye*, exerçant ladite juridiction en l'absence des juges ordinaires ; Gilles Vautier, écuyer, sieur de la Granderie, lieutenant-général du sénéchal en 1583 ; Jean Dudouy, procureur de 1583 à 1586.

XXVII. — ALEXANDRE DE ROHAN est le premier que nous voyons prendre le titre de MARQUIS de Marigny. Il rendit aveu en 1612 et en 1614. Il était comte de Rochefort, chevalier des ordres du roi, capitaine de 50 hommes d'armes de ses ordonnances.

Parmi ses officiers, on ne trouve que Jean Duquesne, sénéchal en 1616, et Vincent Duchemin qui lui succéda.

En 1598, il avait obtenu du roi Henri IV des Lettres de réunion de la seigneurie de St-Louet-sur-Lozon, au marquisat de Marigny, à la charge de remboursement à la veuve du sieur Le Marquetel de Hubertant. Dans un voyage qu'il fit cette année-là à Marigny, il se fit céder aussi par ses tenanciers la propriété du marais du Coudray à Remilly. En 1793, la commune invoqua la nullité de cet acte pour en obtenir la rescision.

XXVIII. — HENRI-LOUIS HABERT, chevalier, seigneur du Mesnil, de Montmort et de La Brosse, conseiller du roi, premier maître des requêtes de son hôtel, devint marquis de Marigny et de Remilly, par la vente de ses terres et seigneuries que lui fit Alexandre de Rohan, mort depuis sans postérité. Le contrat fut passé au Châtelet de Paris le 27 septembre 1634.

XXIX. — JEAN-LOUIS HABERT, chevalier, seigneur de Montmort, comte de Mesnil-Habert, etc., petit-fils du précédent par son père, *Jean Habert*, lui succéda comme marquis de Marigny. Il rendit aveu au roi en 1684, comme seigneur et patron de la terre, fief et seigneurie de la grande portion de la fiefferme de St-Louet-sur-Lozon, tant pour lui que pour messire Louis Habert de Montmort, abbé de Notre-Dame de la Roche, évêque de Perpignan, messire Bernard de Rieux, maître d'hôtel ordinaire du roi, et dame Madeleine Habert de Montmort, son épouse, donataires entre vifs et légataires universels de *Henri-Louis Habert*, marquis de Marigny. — Toutefois, par contrat du 13 avril 1684, ses cohéritiers et lui remirent la seigneurie et fiefferme de St-Louet, avec le fief d'Avenel, à Anne de Rohan, princesse de Guéméné, qui avait réclamé dès 1679, comme nous le voyons d'après un inventaire en 50 rôles qui est aux archives du notariat de Marigny.

XXX. — ANNE DE ROHAN, princesse de Guéméné, était seule fille de Pierre de Rohan et de Madeleine de Rieux-Châteauneuf (*voir* XXVI). Elle attaqua les donations faites par Louis l'Aveugle à son oncle Alexandre de Rohan, et lui contesta, ainsi qu'à ses acquéreurs, le marquisat de Marigny. Le procès dura de longues années ; le Parlement de Paris condamna ses prétentions ; mais un arrêt du Parlement d'Aix (19 décembre 1645) lui donna gain de cause, et la remit dans ses droits sur le marquisat tel qu'il était avant les donations de 1594 et de 1609. Elle en prit possession le 4 avril 1646 et en rendit aveu le 9 janvier 1647. En 1648 le sieur de Clamorgan était son sénéchal ; en 1678 c'était Alexandre Duchemin, et en 1686 le sieur Leclerc.

En 1617 elle avait épousé son cousin-germain LOUIS VII DE ROHAN-MONTBAZON, fils D'HERCULE (*voir* XXVI), pair et grand-veneur de France, qui mourut le 19 février 1667, à l'âge de 68 ans ; elle ne mourut que le 14 mars 1686.

XXXI. — CHARLES II DE ROHAN, prince de Guéméné, duc de Montbazon, marquis de Marigny, comte de Montauban, etc., leur fils aîné, épousa *Jeanne Armande de Schomberg*, et mourut en 1699. Le sieur Duprey de Feugères était son sénéchal pour Marigny, et Me Jean de Pirou, ci-devant notaire, demeurant à Hauteville-la-Guichard, était greffier.

XXXII. — CHARLES III DE ROHAN, prince de Guéméné, duc de Montbazon, marquis de Marigny, fils des précédents, naquit en 1655 et mourut en 1727. Il épousa en premières noces Marie-Anne d'Albert de Luynes qui mourut à dix-sept ans, le 29 août 1679. En secondes noces, le 2 décembre suivant, il épousa Charlotte-Elisabeth de Cochefilet. — Le 2 mars 1695 il rendit aveu de la fiefferme de St-Louet, et le 16 août 1719, du marquisat de Marigny.

XXXIII. — Armand Jules de Rohan, sixième fils des précédents, né le 10 février 1695, marquis de Marigny, devint archevêque-duc de Reims, et premier pair ecclésiastique de France en 1722. Le 13 août 1728, un arrêt du Conseil le déclara exempt des droits de relief et mutations pour son marquisat de Marigny.

XXXIV. — Jules-Hercule-Mériadec de Rohan, fils d'Hercule-Mériadec de Rohan, duc de Montbazon et de Louise-Gabrielle-Julie de Rohan-Soubise, prince de Rohan-Guéméné, duc de Montbazon, né en 1726, était neveu de l'archevêque de Reims. Il lui succéda au marquisat de Marigny qu'il vendit le 20 septembre 1766, devant Me Desplasses, notaire à Paris, aux sieurs de Marnière, appartenant à une famille bretonne.

XXXV. — Jean-François-Constantin de Marnière de Guer, chevalier, lieutenant-général des armées du roi, capitaine aux gardes françaises depuis le 10 mai 1748, commandeur *par honneur* de l'ordre royal et militaire de St-Louis, et gouverneur de Landrecies, ne s'était rendu acquéreur du marquisat de Marigny que pour sa vie. Il en rendit aveu le 8 mai 1769.

XXXVI. — Hyacinthe-Julien-Anne de Marnière de Guer, chevalier, son neveu, était acquéreur en propriété, et jouit du marquisat après la mort de son oncle en 1771. Cependant, dans le procès-verbal de l'assemblée des trois ordres du grand bailliage de Cotentin, en mars 1789, il n'est désigné que comme *propriétaire* du marquisat de Marigny, seigneur de Hauteville-la-Guichard, et il est porté *absent*. Toutefois il prenait le titre de seigneur-marquis de Marigny, baron de Say-Montauban, Cenilly, Quettreville, la Haye-Comtesse, Remilly, seigneur-patron de Hauteville-la-Guichard, Mesnil-Vigot, St-Louet-sur-Lozon, Montfort au Lorey, Mary et autres lieux. Il émigra, et ses biens confisqués furent vendus comme domaines nationaux.

Avec lui se termine cette liste remplie de noms illustres dans l'ancienne monarchie. Marigny est aujourd'hui un modeste chef-lieu de canton de l'arrondissement de St-Lo, à un demi-kilomètre de la route de St-Lo à Coutances. Le voyageur qui s'y arrête ne se doute pas qu'il est sur une des terres de la vieille famille de Say, dont le nom se trouve encore dans la liste des Lords d'Angleterre, — de la famille du Hommet, dans laquelle la charge de connétable de Normandie était héréditaire, et de la famille de Guéméné, dont l'histoire remplirait des volumes.

## V.

Nous devons maintenant passer rapidement en revue les fiefs qui étaient membres du marquisat de Marigny, ou qui en relevaient noblement.

### N° 1. — Baronnie de Remilly. (1)

« La paroisse de Remilly, (2) dit M. de Gerville, est enclavée
» dans les marais ; elle était d'un accès difficile pendant l'hiver.
» Elle est maintenant traversée par une route départementale,
» qui a presque doublé la valeur de ses terrains. Sa position
» est très-favorable à la culture de l'osier. Il s'y fait une grande
» quantité d'ouvrages de vannerie, qui se vendent en abondance
» dans toutes les foires du département. » (3) Dès 1273, il est question des *oseraies* de cette paroisse dans une vente faite par Nicolas Delacour à l'abbé et au couvent de St-Lo. (4)

En 1190, l'église paroissiale fut aumônée, avec toutes ses dépendances, à l'abbaye d'Aunay, par Agnès de Say, femme de Richard Ier du Hommet, et Guillaume, son fils. (5) En 1698, les

(1) Nous avons emprunté beaucoup de choses concernant cette paroisse à l'excellent travail manuscrit de M. *l'abbé Bernard*, vicaire de Remilly en 1869, intitulé : *Essai sur l'Histoire civile et religieuse de Remilly*. Il serait à souhaiter qu'on eût, pour toutes les communes, des monographies comme celle dont ce savant et modeste ecclésiastique est l'auteur.

(2) Généralité de Caen, Election de Coutances, sergenterie au Gascoing. (198 feux, en 1709.)

(3) *Etudes sur le département de la Manche*, pp. 180, 181.

(4) *Original aux Archives de la Manche.*

(5) *Gall. Christ.*, t. XI, Instrum. Eccles. Bajoc., col. 88-90.

dîmes valaient de 6 à 700 livres aux religieux de l'abbaye, qui les avaient affermées par bail au curé. (1)

A une demi-lieue à l'ouest de l'église s'élevait, dès le XIIᵉ siècle, un château connu dans les anciens titres sous le nom de *Château de Remilly*, bien qu'il fût bâti sur le territoire du Mesnil-Vigot. Construit sur un petit mamelon au milieu des marais, sur les rives de la Vanloue qui alimentait le triple fossé dont il était entouré, placé dans un lieu très-découvert, il avait peu à craindre des surprises de l'ennemi. Une position si avantageuse ne l'a cependant pas préservé de la ruine, et de nos jours il n'en reste plus que quelques débris insignifiants. Il renfermait

(1) *Voici la liste des Curés de Remilly, depuis le milieu du XVᵉ siècle.*
1. Lucas Julienne,      1453.
2. Pierre Lepareur ?    1464 (tabellion aussi).
3. Jean Castel,    avᵗ 1494.
4. Jean Pepin,         1526.
5. Nicolas Gynard,     1547, } natifs de Remilly.
6. Pierre Gynard,      156., {
7. Jean Legrand, 1573-1599,    id. Inscripᵒⁿ sur le pilier nord de la tour.
8. Jean Legrand, 1599-162., était en même temps chapelain de la chapelle de St-Lo à la cathédrale de Coutances.
9. Lubin Legrand, 162.-16.., (avant 1632).
10. Jacques Lebouteiller,1632.
11. Martin Eudeline, 163.-1645,eut à soutenir un long procès contre l'abbé d'Aunay pour faire faire les réparations nécessaires au chœur de l'Eglise de Remilly, et le fit condamner à entretenir la nef et à rééditier le chœur. La sentence fut rendue en 1640 par le présidial de Caen. Mais il n'en vit pas l'exécution. Il est inhumé dans le chœur de l'église de Remilly (mort en 1645).
12. Guillaume André,    1645-1678, se démit de ses fonctions.
13. Gilles Litais,      1678-1689, vicaire du précédent depuis au moins 1663.
14. Pierre Gueroult,    1690-1718, fit construire le presbytère actuel à ses frais en 1690.
15. François Huet,      1718-1720, peut-être mort du choléra qui sévissait alors à Remilly.
16. Emmanuel Guilbert, 1722-1745.
17. Nicolas Hébert,     1745-1759.
18. Nicolas Alexandre,  1759-1776.
19. Jacques-Léonor Rabé,1776-1778, desservant.
20. Jacques Guillit,    1778-1819, né à Hottot, dans le diocèse de Bayeux, maître ès arts de l'Université de Caen, prêta le serment constitutionnel en 1791.

**8 \***

dans son enceinte une *chapelle* qui, d'après le *Livre Noir* (1250),
valait à peu près 7 livres, et qui, d'après le *Livre Blanc* (1330),
était taxée à 8 sols de trentième, et à 12 livres de décimes. —
Le seigneur du château en était le patron présentateur. — En
1327, elle s'appelait la chapelle du *Maner de Rumillye*; en 1380,
la chapelle de *N.-D. de la Beslière*; en 1598, la chapelle du
*Bois de Remilly*, ou la chapelle du *Chastel de Remilly*; enfin,
elle reçut le nom de *Chapelle de St-Clair des Marais* qu'elle a
gardé jusqu'à sa démolition au commencement du XIXᵉ siècle.
Comprise dans la liste des biens du marquis de Guer, émigré, à
l'époque de la Révolution, elle fut vendue au profit de la nation.

Remilly possédait *un tabellionage* ou notariat qui remonte
au moins jusqu'à la moitié du XVᵉ siècle, et qui fut réuni à
celui de Marigny en 1727; ses archives, déposées chez Mᵉ Delarue, datent de 1546. (1)

(1) *Tabellions du siége de Remilly depuis le milieu du XVᵉ siècle.*
1. Jean Dudouit, 1453.
2. Jean Borel, 1453.
3. Jean Leguelinel, clerc, 1460.
4. Richard Lepareur, clerc, 1460-64.
5. Pierre Lepareur, prêtre, 1464.
6. Colin Duchemin, 1463.
7. Guillaume Quesnel, 1483.
8. Jean Remilly, prêtre de Remilly, 1492.
9. Pierre Laisney, clerc, 1492.
10. Robert de Gouey, 1494.
11. Jean de Gouey, 1494.
12. Guillaume Borel, 1500-1547.
13. Jean Quesnel, 1511.
14. Enguerrand de Gouey, 1511.
15. Gilles Jouan, 1500-1569.
16. Jean Delisle, 1503-1504.
17. Pierre Delaunay, 1503-1504.
18. Toussaint Borel, 1526-1527.
19. Jean Borel, prêtre de Remilly, 1526-1527.
20. Gilles Lacroix, 1530-1533.
21. Nicolas Le Darondel, 1536.
22. Gilles Quesnel, 1536-1541.
23. Jean Marguerie, 1553.
24. Jean Paingt, prêtre, 1556.
25. Gilles Laurent, 1557-1573.
26. Guillaume Labarbe, prêtre, de Remilly, 1561.
27. Michel Tyboudet, prêtre, de Remilly, 1573.
28. Louis Lecardonnel, 1588.

Là se trouvait également le siége de la Sergenterie de la *Halle au Gascoing*. (1) Le manoir de la *Halle* est à l'ouest de l'église : c'était le lieu de résidence de la famille noble *Le Gascoing*, qu'on trouve à Remilly dès le XVe siècle, et qui, dès la fin du XVIIe siècle, se divisa en plusieurs branches : les sieurs de Ver, les sieurs de Launey, les sieurs de la Halle, et les sieurs de la Motte. — En 1712, la Halle passa par alliance à la famille des *Legrand*, sieurs de la Rivière, une des plus anciennes de Remilly. A la fin du XVIe et au commencement du XVIIe siècle, elle a donné trois curés à cette paroisse, et a possédé ce manoir jusqu'à la fin du XVIIIe siècle. (2)

Remilly est une des plus anciennes baronnies du Cotentin. Dès le commencement du XIe siècle, d'après la charte

29. Olivier Lemaistre, 1594-1595.
30. Pierre Lepourry, 1595-1598.
31. Louis Lepourry, 1595-1631.
32. Jean Ferry, 1606-1625.
33. Vincent de la Mazure, 1609.
34. Michel Fossey, 1627-1654.
35. Jacques Leguelinel, 1631.
36. Pierre Lepaulmier, 1631.
37. Gilles Dupérouzel, 1631.
38. Jean Lescalier, 1641-1645.
39. Denis Lerouxel, 1644.
40. Roger Ferment, 1646-1660.
41. Gilles Girard, 1656-1668.
42. Pierre Ferment, 1660-1666.
43. Philippe Laffaiteur, 1662-1668.
44. Pierre Desplanques, 1666.
45. Morel, 1672-1687.
46. Jean Depirou, 1680-1687.
47. Jacques Candel qui prenait le titre de notaire de Marigny et de Remilly.

(1) Dans l'*Etat des fiefs* de 1327, on lit : *Jehan de la Halle* tient par raison de sa femme, en la paroisse de Linverville, une franche vavassorie qui vaut, bon an mal an, 15 livres, et la tient de Robert de Souillie, par parage.

(2) *Titulaires de la Sergenterie de la Halle, depuis le milieu du XVIIe siècle.*

1. Enguerrand Lecanu, 1660.
2. Louis Brotelande, 1673.
3. Gilles Dupérouzel, 1679.
4. Nicolas Hébert, 1682.
5. Bonaventure Lejeune, 1682-1704.

» la lance et n'abat le post, il paiera une mine d'argent, et s'il
» rompt la lance, il ne paye rien ; et doit le dit aisné rapporter
» le tronçon de la dite lance par devers le dit seigneur ou son
» lieutenant. »

Le *fief Vassal*, dont l'aîné était également un Le Marquetel ;
le *fief au Vallet*, dont l'aîné était un Le Gascoing, sieur de Ver ;
le *fief Cotentin*, dont l'aîné était un du Bouillon ; la *vavassorie du
Jardin*, dont l'aîné était un Vaultier, sieur d'Isigny ; la vavassorie *du Monichet*, dont l'aîné était un du Mesnil-Eury ; le
fief *Loyauté-Arthenay*, dont l'aîné était de la famille Lepourry ;
le fief *Lantinerie*, dont l'aîné était un *Darthenay* ; la vavassorie
*Bessin*, dont l'aîné était un Bucaille, sieur de la Rivière ; la
vavassorie de *Pirou*, dont l'aîné était un Lecardonnel ; le fief
*Philippe*, dont l'aîné était un Le Marquetel, sieur de Montfort,
étaient soumis à la même *sujétion*. Ce dernier, d'après un aveu
de 1431, devait aussi un homme de garde au château de Remilly,
quand le marquis de Marigny y demeurait.

La *petite verge de Remilly* comprenait 17 fiefs ou vavassories,
et entre autres le domaine de *Mons*, dont l'aîné était un Le
Marquetel, sieur de Montfort. Presque tous les autres fiefs
avaient pour aînés les *Bucaille*, sieurs de la Rivière, et les
Vaultier, sieurs de la Granderie. (1)

Pour la juridiction féodale, la grande et la petite verge de
Remilly avaient le même sénéchal et le même greffier que le
marquisat de Marigny.

Il y avait à Remilly un moulin appelé le Grand-Moulin, près
d'une chute d'eau sur le Lozon, à trois kilomètres de l'église ;
son existence était déjà regardée comme ancienne en 1555, et
un village considérable s'était formé aux alentours. En 1660, il
valait 200 livres de rente au marquis de Marigny ; quelques années plus tard, il en valait 300. Un sieur Charles du Mesnil-
Eury, mort en 1744, à 81 ans, après une jeunesse très-orageuse,

(1) *La Granderie* est une maison de maître, de construction assez
récente, et sans caractère architectural. La famille Vaultier est éteinte
et a laissé les meilleurs souvenirs dans le pays.

et qui prétendait descendre de la famille noble de ce nom, quoiqu'il fût recherché pour la *taille*, prit le titre de sieur du *Grand-Moulin*, faute d'une autre qualification nobiliaire.

En 1666, Chamillart trouvait à Remilly Gilles, Pierre et Jacques de Gascoing, nobles d'ancienne noblesse ; Julien de *Savigny* (anoblissement de 1544); Jean *Vaultier* (anoblissement de 1587); Gilles *Vaultier* (id.); Henri *Le Marquetel* qui justifiait de *quatre degrés*.

En 1698, le sieur de Longbois constatait que les nobles résidant à Remilly, et exempts de la taille, (1) étaient Charles Le Marquetel, écuyer, seigneur de Montfort ; Jean Vaultier, écuyer ; Gilles Gascoing, écuyer, sieur de la Motte, et Gilles Nanpel (?) écuyer.

### Nº 2. — Fief de Montz ou de Mons.

Le fief de *Montz* ou de *Mons*, situé dans la paroisse de Remilly, comptait pour un tiers de fief de chevalier. Il devait au marquisat de Marigny 6 livres et un quart de trois deniers. Il ne faut pas le confondre avec le domaine de *Mons*, situé dans *la petite verge* de Remilly, dont nous avons parlé plus haut, et qui devait au marquisat, au terme de la Saint-Michel, 30 boisseaux de froment, 38 livres d'argent et 10 sols pour certains services.

*Le 24 août 1426*, il y a une Lettre concernant le manoir de Mons et ses dépendances, accordée par Louis, duc d'Orléans, de Milan et de Valois, à Louis de Rohan. Il reçoit les plaintes de ce dernier contre Nicolas Davy, lieutenant général du bailli de St-Sauveur-Lendelin, pour les torts et griefs qu'il lui a causés. — *Le 8 avril 1450*, aveu rendu à *Jean de Sillans*, écuyer, seigneur de la Ferrière et de Mons, par Jean Labarbe, un de ses vassaux, pour l'arrière-fief de la Cerverie. — *Le 15 septembre 1471*, fiefferme du manoir de Mons à *Jean Pestel*, à la requête de Georges de la Tremoille, mari de noble dame Marie de Montauban. — Dans l'aveu de Louis II de Rohan au roi (1499),

(1) Cette année-là elle était de 817 livres pour la paroisse de Remilly.

on lit : « *Jean de Chillan* (sic) en soulloit tenir d'icelle nostre
» baronnie un membre de fief appelé le fieu de Mons, assis en
» la paroisse de Remilly, par un tiers de fieu de haubert, et
» en rend, etc... le quel fieu est à présent uni au corps de la dite
» baronnie par retrait qu'en fit notre aïeul par puissance de
» fieu. » — Au XVIᵉ siècle, ce fief était aux mains du marquis de Marigny; cependant dans le cours du XVIIᵉ siècle, on
le trouve en la possession de Henri-Marie Le Marquetel, écuyer,
sieur de Montfort, et il passa plus tard à la famille Lempereur
de Saint-Pierre avec toutes les propriétés des Le Marquetel de
Montfort.

### Nº 3. — LA SEIGNEURIE DE MONTFORT.

La seigneurie de Montfort se composait d'une *petite verge,*
assise en la paroisse du Mesnil-Vigot, (1) et d'une *grande verge,*
située dans les paroisses de Hauteville-le-Guichard (2) et du
Lorey. (3)

C'était le seul fief qui existât au Mesnil-Vigot. Il appartenait
au marquis de Marigny. Vers 1675, il avait pour sénéchal le
sieur Duprey, et pour greffier le sieur de Pirou. D'après plusieurs actes, le patronage de l'église était au sieur de Hubertant,
qui prenait le titre de seigneur du Mesnil-Vigot, et non au marquis de Marigny.

Cette seigneurie comprenait, entre autres, les fiefs roturiers
*du Montier, Vaudin, Frohey, Prodhomme, Robert-Marie,* de
*Cambrichon,* du *Mesnil,* qui en 1785, avaient passé de *Louis
Hüe,* écuyer, sieur de la Roque, acquéreur par décret des maisons et héritages de *Louis du Mesnil-Eury,* écuyer, sieur du
Mesnil, aîné desdits fiefs, aux sieurs Bucaille-Dumesnil; les fiefs
de la *Courandière,* au *Lory, Adoubard, Turgis* et *Pluquet,
Hercent,* de la *Rotière,* de la *Bessinière.* Ces deux derniers, situés dans la grande verge, au Lorey, sont indiqués sur la carte
de Cassini.

(1) Généralité de Caen, Election de Coutances, sergenterie au Gascoing.
(2) Id.
(3) Généralité de Caen, Election de Coutances, sergenterie de la Halle.

Outre cette seigneurie de *Montfort*, il y en avait une autre du même nom, située à Remilly, à l'extrémité nord de la paroisse, sur un petit plateau peu élevé qui domine le confluent de la Vanloue et du Lozon. Elle ne relevait pas, que nous sachions, du marquisat de Marigny. Toutefois comme elle était enclavée dans son extension, et comme ses seigneurs ont été constamment en relations avec les marquis, nous résumerons ici ce que M. l'abbé Bernard *dit du château et des seigneurs de Montfort,* en y joignant quelques notes que nous avons recueillies par nous-même. (1)

Le *Château de Montfort* est aujourd'hui en grande partie détruit; il datait de la fin du XVe siècle ou du commencement du XVIe. La partie qui reste nous présente des fenêtres carrées, à croisées de pierre avec leurs châssis en fer, deux très-belles cheminées au 1er et au 2e étages à l'ouest, de nombreuses meurtrières habilement disposées pour repousser les assaillants, et deux tourelles cylindriques en encorbellement au N.-O. et au S.-O. Dans une troisième tour, au N.-E., se trouve un splendide escalier en pierre de taille, construit en spirale, et sur la porte duquel se trouvent des armoiries aujourd'hui martelées. Il compte encore une soixantaine de degrés. Il est terminé à son sommet par une petite chambre carrée, munie d'une cheminée, sorte de poste d'observation d'où la vue s'étend au loin, à travers les marais de Tribehou et d'Auxais. Du côté de l'est s'élevait la chapelle dont il ne reste plus que les substructions.

(1) Le seigneur de Mortfort devait au seigneur de Hubertant à St-Louet la singulière redevance suivante :

A l'entrée du manoir de Montfort, du côté du midi, se trouvait un grand et beau chêne. Le ser de Hubertant avait le droit de venir une fois l'an faire une légère collation à l'ombre de son épais feuillage, et quoiqu'il n'y vînt jamais, le ser de Montfort n'osait l'abattre. Il y a quelques années, ce chêne, trois fois séculaire, fut détruit par un accident regrettable. Des jeunes gens voulant en chasser un essaim d'abeilles qui était venu y chercher une retraite, eurent recours au feu ; mais la flamme ne tarda pas à s'attaquer à cet arbre à moitié sec et le consuma presque entièrement. Il n'en reste plus aujourd'hui qu'un tronçon noirci par la fumée, tout juste assez pour rappeler le souvenir de cette légende et faire regretter l'arbre qui y avait donné naissance.

A l'ouest, est le colombier, près du mur d'enceinte extérieure. Ce mur formait un quadrilatère ; les côtés de l'ouest et du sud existent encore. L'entrée principale, au sud, se composait d'une grande porte qui devait être garnie d'un pont-levis, (on voit encore les trous par où passaient les chaînes destinées à le soulever) et d'une petite porte à gauche, servant de herse. Ces deux portes sont parfaitement conservées.— L'aspect de ces ruines, couvertes de lierre, est très-pittoresque.

La *Seigneurie de Montfort* appartenait, depuis la fin du XV<sup>e</sup> siècle, à la famille Le Marquetel que nous retrouverons aussi plus loin à St-Ebremond et à Hubertant, et qui possédait également la baronnie de St-Denis-le-Gast.

*Gilles Le Marquetel*, écuyer, que nous trouvons cité en 1532, dans un aveu rendu au roi par Louis V de Rohan, et qui mourut en 1569, est le troisième de cette famille qui ait possédé Montfort, à notre connaissance. Avant lui, on trouve *Noël Le Marquetel*, écuyer, et *Jehan Le Marquetel*, prêtre, curé de Remilly. — De son mariage avec Magdeleine Martel, sœur d'Etienne Martel, évêque de Coutances, Gilles Le Marquetel eut non pas deux, mais trois fils : Jean, l'aîné, qui prit le nom et les armes de St-Denis, — Jacques, le 3<sup>e</sup>, qui eut en partage la terre et seigneurie de Montfort, et en prit le nom, — et Gilles le 2<sup>e</sup>, sieur de Trelly, qui eut la seigneurie de Hubertant, et en prit le nom.

Nous suivrons la descendance de ce dernier en parlant du fief de Hubertant.

Quant à Jean *Le Marquetel*, seigneur de St-Denis, il épousa Catherine Martel, de la branche de Fontaine-Martel ; son fils, *Charles Le Marquetel de St-Denis*, épousa Charlotte de Rouville et en eut une fille et six fils. Le troisième, *Charles*, connu sous le nom de *St-Evremond*, est né au commencement de janvier 1616, et non le 1<sup>er</sup> avril 1613, comme on le croit généralement : c'est un fait démontré péremptoirement par M. L. Quénault, dans un Mémoire lu à la Sorbonne en 1867, d'après les registres de l'état civil de St-Denis-le-Gast. Il devint le célèbre littérateur que nous connaissons.

Pour nous renfermer ici dans la branche des *Le Marquetel de Montfort*, nous trouvons *Jacques Le Marquetel* cité comme seigneur de Montfort dans un contrat du 13 février 1597, passé devant Louis et Pierre Lepourry, tabellions au siége de Remilly.

Le fils de Jacques Le Marquetel fut *Henri-Marie Le Marquetel* qui épousa Charlotte d'Orange des Rochers. Elle apporta la seigneurie et le patronage de St-Aubin-de-Losque en dot à son mari, qui en prit le titre, avec celui de Montfort et de Mons. Il fonda dans l'église de Remilly la confrérie du Rosaire, qui n'existe plus, et dont le souvenir n'est conservé que par l'inscription qu'on trouve sur le pilier *nord* de la tour de l'église. D'après un acte du 27 octobre 1658, il fut inhumé dans l'église.

Il laissa deux enfants : *Magdeleine Le Marquetel*, qui épousa Pierre Soyer, seigneur d'Intraville (Seine-Inférieure), conseiller au Parlement, — et *Charles Le Marquetel*, écuyer, seigneur et patron de St-Aubin-de-Losque, Montfort, Mons, Feugueroles, Bully et autres lieux, qui épousa Gabrielle de Troismonts vers 1670. On trouve de lui, en 1697, un contrat de remplacement des biens dotaux de sa femme, qui mourut, ainsi que lui, en 1709.

Il laissa sept enfants, dont *Henri*, l'aîné, sieur de Montfort ; — *Françoise-Barbe* qui, en 1703, épousa en 1res noces noble homme Louis-Joseph du Chastel, seigneur de Rampan, et en 2es noces Hyacinthe d'Anneville, d'Auxais ; — *Ursule-Jourdanie*, mariée le 25 juin 1697 à Pierre de Godefroy, seigneur de Nesmont et de Brévands ; — *Laurent-Félix*, né en 1674, qui hérita du titre et des possessions de Montfort, après une longue contestation avec Henri, son frère aîné, et épousa Geneviève de Chaumontel. Il mourut en 1754, à l'âge de 81 ans.

*Marie-Magdeleine-Anne Le Marquetel*, fille de ce dernier, née en 1716, se trouva la seule héritière des Le Marquetel de Remilly, et porta ce magnifique héritage dans la maison des *Lempereur de Saint Pierre*, en épousant, le 13 janvier 1739, Pierre-Gabriel-Jacques Lempereur, chevalier, seigneur, patron et châtelain de St-Pierre-Langers, la Beslière, la Rochelle, Coigny et autres lieux, écuyer ordinaire du roi, fils de feu messire Jacques Lempereur et de noble dame Marie Pasquet.

Un des enfants qui sortirent de ce mariage fut *Hervé-Louis-Gabriel Lempereur*. Sa mère étant morte de bonne heure, il eut en partage les terres de Remilly et de St-Aubin-de-Losque. En 1779, il était chevau-léger dans la garde du roi, et capitaine de cavalerie. En 1781, il fut traduit devant le Châtelet de Paris pour répondre de libelles diffamatoires contre un nommé Bonin de Boni. Il fut condamné à faire réparation d'honneur, et à payer 100,000 livres de dommages et intérêts. Quand la Révolution arriva, il resta à Remilly, fort exposé, et ne dut son salut qu'au dévouement de son garde Jacques Guerot. — Les archives de sa famille furent fouillées, par suite d'une délibération de la municipalité de Remilly, du 19 janvier 1794, et on en fit disparaître un grand nombre de pièces qui seraient curieuses pour l'histoire. Toutefois, vu un certificat constatant qu'il n'avait pas émigré, main-levée lui fut accordée du sequestre mis sur ses biens (août 1794.) Il se retira à Coutances où il mourut en 1846, laissant ses biens à ses deux frères consanguins, *Gabriel* et *Claude-François-Joseph Lempereur*.

Ce dernier eut Montfort et Le Pestel. Il fit couper les magnifiques avenues de Montfort, et habita peu Remilly où son passage fut toujours signalé par des bienfaits et d'abondantes aumônes. Il est mort en 1859, laissant trois enfants : *Elisabeth*, — *Louis*, aujourd'hui député, et *Augustin-Louis*, ancien préfet de la Corrèze. Les deux premiers seuls possèdent aujourd'hui Montfort.

## Nº 4. — SEIGNEURIE DE MARY.

La terre et seigneurie de Mary, située dans la paroisse d'Aubigny, (1) fut décrétée sur un sieur de Mary, et mise en adjudication le 28 juillet 1655. Une sentence du vicomte de Saint-Sauveur-Lendelin, dont elle relevait, l'adjugea à Charles II de Rohan, marquis de Marigny, avec les terres de la *Houblière*, *Coudeville* et la *Petiboudière*, pour le prix de 92,300 livres, en vertu d'un arrêt du conseil du roi du 5 novembre 1655. Elle resta

(1) Généralité de Caen, Election de Carentan, sergenterie d'Aubigny (98 feux en 1709).

depuis entre les mains des marquis de Marigny, et M. de Guer, en 1789, en fut le dernier seigneur. (1)

Dans le procès-verbal de l'Assemblée des trois ordres du grand bailliage de Cotentin, en mars 1789, on trouve plusieurs seigneurs portant le nom de cette terre. Ce sont : Paul-Bernard de *Mary*, seigneur et patron de Longueville et Bréville, et chevalier de St-Louis ; Jean-François-Louis de *Mary*, seigneur du fief des Trais en Saussey ; Jean-Baptiste de *Mary*, seigneur du fief de Bactot, à Montsurvent ; Georges de *Mary*, sans fief, demeurant à Granville ; Philippe-Bon-Marie-Anne de *Mary*, sans fief, demeurant à Cambernon.

Il y avait encore un autre fief de *Mary* à St-Côme-du-Mont, dont était seigneur en 1789 Louis Ferrand, sieur du Rouville. On trouve à St-Côme la rue *Mary*.

### N° 5. — SEIGNEURIE DE ST-EBREMONT-SUR-LOZON.

La paroisse de St-Ebremont-sur-Lozon (2) n'avait qu'un fief noble, qui comptait pour un tiers de fief. Le seigneur avait droit de *quintaine* et de présentation à la cure. Il devait au marquisat de Marigny 40 sols à la St-Michel, et 22 deniers pour graverie, les reliefs, treizième, aides, sous-aides, etc.

Dans l'aveu rendu au roi en 1499, par Louis II de Rohan, baron de Marigny et de Remilly, *Noël Le Marquetel*, écuyer, est cité comme tenant le tiers de fief de St-Ebremont ; d'après l'aveu de Louis IV, en 1522, c'est *Jean Le Marquetel*, et dans celui de Louis V, en 1532, c'est *Gilles Le Marquetel*. Ce dernier rendit lui-même aveu le 30 mai 1562 au même Louis V de Rohan, et il prenait le titre de seigneur-châtelain de St-Denis-le-Gast. — De 1675 à 1706, *Jacques-Antoine Couillard*, écuyer, fut seigneur et patron de St-Ebremont. Son fief était estimé à 400 livres de rentes. Le sénéchal était Me Jean Duprey, avocat ; le greffier, Jean Le Forestier, sergent de St-Louet. — *Anne-Judith Couillard*, fille de Jacques-Antoine,

---

(1) Inventaire, *p.* 1564 et suiv.

(2) Généralité de Caen, Election de Coutances, sergenterie au Gascoing (26 feux en 1709.)

épousa un sieur Boissel, et transmit cette seigneurie à *Char-lotte-Françoise Boissel* qui, en 1785, était veuve d'*Alexandre-Jean Bourdon*, écuyer.

N° 6. — SEIGNEURIE DE ST-LOUET-SUR-LOZON,

*membre du marquisat de Marigny.* (1)

La paroisse de St-Louet-sur-Lozon comprenait deux fiefs nobles au XVIIᵉ siècle : (2) la *Fiefferme de St-Louet*, qui s'étendait à Remilly et au Mesnil-Vigot, et le *Fief de Hubertant*, compris entre le Vaulous et le Houlbec. — L'histoire de ces deux fiefs offre un certain intérêt, à cause des vicissitudes qu'ils ont subies. (3)

Avant l'an 1200, St-Louet était un plein fief de chevalier, que possédait alors *Guillaume de Sanqueville*, chevalier. Un tiers de ce fief, sous le nom de Hubertant, fut démembré et donné en parage par ce seigneur à sa sœur, lors de son mariage avec *Guillaume de Mauconvenant*, chevalier, qui vivait en 1203.

Le fief de St-Louet, ainsi réduit aux deux tiers, fut appelé depuis *la grande portion*.

Guillaume de Sanqueville s'étant rendu coupable de forfaiture sous le règne de St-Louis (1226-1270), en passant en Angleterre, ses biens furent confisqués au profit du domaine royal. Le roi retint par devers lui le patronage de l'église, le droit de présenter à la première cure, le gage-plège, la cour et usage, et tous les droits appartenant à noblesse, et attribua la justice à ses officiers de la vicomté de St-Sauveur-Lendelin. Peu de temps après, et probablement dans les délais déterminés par la loi, il donna la fieffe des biens de Guillaume de Sanqueville aux hommes de St-Louet, moyennant 130 livres de rente domaniale, et à la charge de relever de la couronne à laquelle était restée attachée la directe.

(1) Généralité de Caen, Election de Coutances, sergenterie au Gascoing. (149 feux en 1709).

(2) Elle payait 1153 livres de taille en 1698 (*Chevauchées du sieur de Longbois*).

(3) Nous avons consulté, pour tout ce qui concerne St-Louet et Hubertant, un Mémoire très-consciencieux fait vers 1805, et qui est déposé à la bibliothèque de Coutances.

Mais en 1318, on ne sait pour quelle cause, les hommes de St-Louet remirent la fiefferme à Richard de Courcy, baron de Marigny et de Remilly, à condition d'être déchargés de la rente de 130 livres, et de relever de lui comme ils relevaient du roi.

La vicomté de St-Sauveur-Lendelin faisant partie de l'apanage de Philippe d'Orléans, frère du roi Jean, avant 1375, ce fut lui qui eut la directe du fief de St Louet ; les aveux furent rendus à ses officiers, et les 130 livres de rente furent payées à ses receveurs par le baron de Marigny.

Dans l'aveu de Louis II de Rohan (20 mai 1499), se trouve compris le fief, terre et seigneurie de St-Louet, tenu par hommage, y compris la rente de 130 livres. Il se trouve également dans l'aveu de Louis IV de Rohan (22 janvier 1522-23) ; mais il n'est pas dans celui rendu par Louis V, le 22 juin 1532.

Le roi ayant ordonné l'aliénation d'une partie de son domaine, la rente de 130 livres fut vendue au chapitre de Coutances, le 24 avril 1556, pour 1300 livres à prendre sur le marquis de Marigny. Treize ans après (2 mars 1569), le chapitre la revendit pour le même prix à Gilles *Le Marquetel,* seigneur de Hubertant, châtelain de St-Denis-le-Gast, par contrat passé devant Michel Thyboudet et Gilles Laurent, tabellions à Remilly. Sa famille ne la conserva pas longtemps : car, par acte du 14 septembre 1578, en vertu de Lettres royales du 30 décembre 1575, Louis de Rohan, baron de Marigny, la retira en remboursant Gilles II Le Marquetel, seigneur de Hubertant et de Montaigu, fils du précédent.

Restait encore la directe du fief de St-Louet, que l'on qualifiait alors de *quart de fief de haubert,* avec droit de patronage et de présentation à la première cure, cour, usage, gage-plège et seize boisseaux de froment. — Elle fut détachée de la couronne en vertu d'un nouvel édit d'aliénation (*1591*), et vendue (*11 août 1592*) au sieur de Mathan, prieur de St-Fromond, conseiller au Parlement de Normandie, qui en fit remise (*24 octobre 1594*) au sieur Le Marquetel, auquel il n'avait fait que prêter son nom.

Cela ne faisait pas l'affaire des marquis de Marigny qui, depuis 1318, tendaient à s'approprier St-Louet. En 1598, Alexandre de Rohan obtint de Henri IV des Lettres de réunion de la seigneurie de St-Louet à son marquisat. Il la fit repasser en vente, et s'en rendit acquéreur, pour 3,330 livres le 2 décembre 1603, par une surenchère de 715 livres, et elle lui fut remise par acte du 19 novembre 1618 au Châtelet de Paris., moyennant remboursement du principal au profit de Philippe Le Marquetel, seigneur de Hubertant, qui en avait donné aveu en 1615. Il fallut cependant encore, en 1640, qu'un procès fût intenté par M. de Montmort, marquis de Marigny, contre Philippe du Mesnil-Eury, seigneur de Hubertant, qui ne voulait pas rendre les titres de la fiefferme de St-Louet, boucher sa fuie à pigeons et ruiner sa garenne. Il y fut condamné, et depuis lors la seigneurie de St-Louet a suivi les destinées du marquisat, avec la qualification de *plein fief de haubert*. A la fin du XVIIIe siècle, elle avait pour sénéchal, Me Jean Duprey, et pour greffier, Jean Depirou.

En 1666, Chamillard y trouva noble, d'ancienne noblesse, Jean du Chastel. *Le 18 septembre 1669, Louis Habert,* marquis de Marigny, donna des Lettres de présentation à la cure de St-Louet en faveur de Gilles Carpentier, prêtre. La jouissance de ce droit paraissait paisible, et cependant, quelques années après, il y eut procès entre Charles III de Rohan, défendeur, et Charles du Mesnil-Eury, seigneur de Gonneville, demandeur de la Lettre de réglement de juge pour le patronage et la nomination de cette cure. Le seigneur de Gonneville, s'en prétendant nominateur et patron, avait fait mettre autour de l'église une ceinture où se trouvaient ses armoiries; et Charles de Rohan l'avait fait appeler aux requêtes de l'Hôtel à Paris, en vertu de son droit de *Committimus*, pour se voir condamner à ce que de raison.

*Le 30 mars 1681*, Jean-Louis Habert, Seigneur de Montmort, etc., rendit aveu au roi pour la terre, seigneurie et fief de la grande portion de la fiefferme de St-Louet. — *Le 8 mai 1683*, un arrêt de la cour des comptes de Rouen lui donna main-levée de ce fief, pour en jouir. — *Le 20 mars 1695*, nous avons encore un aveu de Charles II de Rohan.

En terminant, nous pouvons citer parmi les arrière-fiefs relevant de St-Louet et situés dans cette paroisse : les fiefs de *Périers*, de la *Faverie, Fricamp, Burnouf, Bertour*, de *Blaids*, du *Couaisel, Vaultier*, de *la Haye*, du *Pin*, de *Catinières*, etc. — Dans la même mouvance se trouvaient, au Mesnil-Vigot, les fiefs du *Genetel, ès Piquenots*, de *la Folquière*, etc. — A Remilly, les fiefs *Philippe Le Marquand, Bernard Leroy*, etc.

## Nº 7. — Le Fief de Hubertant.

Le fief de Hubertant, dont le chef était assis en la paroisse de St-Louet-sur-Lozon et qui s'étendait à Hauteville-la-Guichard, Feugères, Mesnil-Vigot, etc., comptait pour un tiers de fief de chevalier. Il devait au marquisat de Marigny 40 sols à la St-Michel, et 22 deniers pour graverie, plus les reliefs, treizièmes, aides, sous-aides, etc.

Nous venons de voir qu'il avait été démembré du fief de St-Louet, au commencement du XIIIᵉ siècle, en faveur de *Guillaume de Mauconvenant*. Guillaume de Sanqueville, son beau-frère, lui donna encore la moitié de l'église, qui forma la *petite cure*, dite de Hubertant ou de la seconde portion de St-Louet, ainsi que la moitié des moulins à eau et à foulon de St-Louet et du Couaisel. Mais dès 1203 Guillaume de Mauconvenant disposa de la seconde cure de St-Louet en faveur du prieur et des religieux de St-Fromond, et leur donna, avec le droit de patronage, les dîmes et le quart du froment à percevoir sur sa partie des moulins.

Vers la fin du XIIIᵉ siècle, Hubertant passa dans la maison de Bretteville-le-Bordel, près Caen, et en 1374 on le trouve encore entre les mains de *Pierre de Bretteville*, écuyer. Quelque temps après lui, il fut divisé en deux parties, tenues chacune pour un sixième de fief. C'est ce qui résulte de la note suivante, sans date, mais qui peut être rapportée à 1450, époque à laquelle vivait *Jean de Sillans*, écuyer : « Le fieu de Hubertent est tenu fran-

» chement et noblement, à gage-plège, court et usage, pour un
» sixte de fieu de chevalier en parage et en secont degrey de
» ligne, de *Guyot de Bretteville*, qui le tient sous *Rogier Le Roux*,
» et le dit Le Roux *Jehan de Sillans* (? *sic*), et le fieu de la
» Ronche, que tient à présent M. de Montauban par conquest,
» tient l'autre partie de Hubertent pour un sixte de fieu. Et est
» ainsi tout Hubertent tenu par un tiers de fieu, dont le dit
» Rogier doit faire les acquis et hommages pour tous ses par-
» chommiers à mon dit sieur de Montauban, du quel il est tenu
» par hommage, à cause de sa baronnie de Marigny. »

En 1380, Gillette de Bretteville, fille de Pierre de Bretteville,
était femme de *Thomas Fourmy*, écuyer, qui pour cette raison
prenait le titre de seigneur de Hubertant, et faisait en cette qualité plusieurs fondations, et recevait des aveux, de 1380 à 1403.

A cette dernière date, *Pierre Fourmy,* écuyer, lui succéda.
Il eut deux fils, Pierre et Etienne ; il vivait encore en 1453 et
demeurait alors à Hauteville-la-Guichard. Cependant on trouve
en 1411, 1425 et 1430 un autre *Thomas Fourmy* s'intitulant
aussi seigneur de Hubertant : peut-être était-ce son frère.

*Pierre II Fourmy*, seigneur de Hubertant, vivait encore en
1477, et donna en fief à Perrin Le Carpentier une pièce de terre
qu'il avait eue par échange d'*Etienne Fourmy*, son frère. Toutefois cette époque est pleine d'obscurités : ainsi Me *Jean Lan-
gloys*, prêtre, maître-ès-arts, licencié en droit canon et curé
d'Hauteville-la-Guichard, se disait en 1464 seigneur temporel
de Hubertant, par conquest qu'il en avait fait naguère de Pierre
Fourmy, et il en prenait encore le titre en 1477 et en 1489.

En 1412, *Colin de Mons* possédait le fief de *Lauguinière* au
bas de St-Louet ; — En 1425, *Collette Le Roux*, veuve de *Philippot de Mons*, possédait huit boisseaux de froment sur Thomas
Fourmy, et un certain nombre d'arrière-fiefs à Hubertant ; — En
1450, *Bertrand de Mons* inféoda à *Perrin Béchue* une pièce de
terre du fief de Lauguinière ; — *Jehan de Mons*, sieur de Ju-
goville, bailly de Cotentin en 1484, inféoda en 1464 le clos de la
Mare ; — En 1493, Philippot de Mons se disait seigneur de St-

Louet en partie ; il demeurait à Magneville près Valognes.

De son côté *Jean de Sillans*, seigneur de Mons et de la Favière, rentré dans ses biens après la réduction de la Normandie, fit des inféodations en 1459. Il possédait quatre boisseaux de froment sur Thomas Fourmy ; six sous de rente sur les hoirs de Collette Burnouf, jadis femme de Pierre de Bretteville, etc.

On ne commence à suivre de nouveau exactement la série des seigneurs de Hubertant qu'à la fin du XVe siècle. En 1493, *Noel Le Marquetel*, écuyer, sieur de Montfort et de St-Ebremond sur Lozon, fit l'acquisition d'un de ces deux sixièmes de fief, et Louis IV de Rohan le mentionne dans son aveu rendu au roi en 1499. Il vivait encore en 1507 ; en 1518 Jehenne d'Isigny, sa veuve, était tutrice de leurs enfants.

*Jehan Le Marquetel*, prêtre, chanoine de Coutances dès 1503, et curé de Remilly, était seigneur temporel de Montfort, St-Ebremond et d'un sixième de fief à Hubertant dès 1509 : à ces titres, il reçut des aveux en 1515 et en 1523. C'est lui évidemment que désigne Jean IV de Rohan, dans son aveu au roi en 1522, quand il parle des héritiers ou ayant cause de Jean de Mons, tenant un sixième de fief à Hubertant.

Après lui, *Gilles Ier Le Marquetel*, sieur de Montfort, St-Ebremond et Hubertant, fit en 1523, avec son frère, sur *Jean Lengloys*, l'acquisition du second sixième de fief de Hubertant ; en 1540 il acheta pour son propre compte la seigneurie de St-Denis-le-Gast. Quand son frère fut mort, il réunit tout les démembrements de Hubertant, et le remit dans son premier état de tiers de fief ; mais, d'après l'aveu de Louis V de Rohan, cela n'eut lieu qu'après 1532. En 1560, il en rendit aveu au baron de Marigny, avec le titre de seigneur et châtelain, et déclara avoir *manoir, douves, fossés,* bois de haute-futaie et colombier. Il mourut en 1567.

Nous avons vu, en parlant de la seigneurie de Montfort, que *Gilles II Le Marquetel*, le second de ses fils, sieur de Trelly, lui succéda dans le fief et seigneurie de Hubertant et en prit le nom. Il avait d'abord été destiné à l'état ecclésiastique et était entré dans les ordres comme sous-diacre. Mais il se fit relever de ses vœux et épousa en 1578 ou 1579 *Jacqueline dé Costentin*, veuve depuis 1577 de Gilles Pottier, vicomte de Coutances. En 1580 il fit construire le nouveau manoir du *jeune* Hubertant. Il mourut le 1er février 1585, et fut inhumé dans le chœur de l'église du Mesnil-Vigot, dont il était patron. Sa veuve épousa en troisièmes noces *Louis* Le Coustellier de la Corbellière, et elle mourut, veuve encore, le 24 septembre 1623.

*Pierre Le Marquetel*, l'aîné de ses enfants, eut pour partage (17 septembre 1606) le fief, terre et seigneurie de Hubertant. Il fut aussi seigneur et patron du fief, terre et seigneurie de St-Louet, pour la grande portion, acquise par sa mère du domaine du roi en 1592. Il ne se maria point, et mourut à l'âge de trente ans, à St-Louet, le 23 novembre 1644.

*Philippe Le Marquetel*, seigneur de Montaigu et du Mesnil-Vigot, par les partages faits entre lui et son frère, devint, après la mort de ce dernier, seigneur de Hubertant et de St-Louet pour la grande portion ; ce dernier fief resta dans sa famille jusqu'à la remise qui en fut faite le 16 novembre 1648 au marquis de Marigny. — Il rendit aveu à Alexandre de Rohan le 13 juin 1614, et mourut à Mantes en 1623, à l'âge d'environ quarante ans. Ses restes furent rapportés à St-Louet (24 septembre). Il ne laissa pas d'enfant de son mariage avec *Gillette d'Alençon*, morte à St-Louet le 12 mai 1616.

Son héritage passa à Philippe du Mesnil-Eury, son neveu, né au Mesnil-Eury le 8 mai 1610, fils unique de Philippe III, seigneur du Mesnil-Eury, et de Jeanne Le Marquetel, morte le 23 juin 1610, la dernière des enfants de Gilles II Le Marquetel, dont la branche se trouvait ainsi éteinte.

Le jeune Philippe du Mesnil-Eury fut mis sous la garde noble de son père, jusqu'à son mariage avec *Jeanne Hue de La Roque*, fille de Michel Hue, écuyer, seigneur de La Roque, conseiller au parlement de Rouen, par contrat sous-seing du 11 janvier 1626, reconnu devant les tabellions de St-Lo le 5 septembre 1629. Il fut aussi seigneur de Montaigu et du Mesnil-Vigot, et mourut à

St-Louet le 27 août 1647, à l'âge de 37 ans, laissant neuf enfants, dont sa veuve obtint la tutelle. Ce ne fut pas toutefois sans une longue procédure contre Anne de Rohan, marquise de Marigny, qui prétendait avoir la garde noble. Mais Jeanne Hue soutint que son mari étant seigneur de Blanlo, fief-sergenterie tenu du roi en la vicomté de St-Sauveur-Lendelin, ses enfants tombés en la garde du roi pour ce fief, devaient y être absolument (d'après l'article 245 de la Coutume).

*Jean IV du Mesnil-Eury*, né à St-Louet vers 1627, succéda à son père dans les terres, fiefs et seigneuries de Hubertant, Montaigu et Mesnil-Vigot, et à son grand-père Jean III, dit *Longue-Barbe*, mort au Mesnil-Eury le 31 mars 1651, à l'âge de 70 ans. Il prit, comme son père, le nom de sieur de Hubertant et épousa le 26 juin 1653 *Jeanne Fallot de Gonneville*, sa parente, dont il eut trois enfants. Veuf en 1666, il épousa en secondes noces *Louise Duchemin*, veuve de *Jean Simon*, seigneur de Chauvigny, mère de la femme de son fils aîné. A cette époque il fut reconnu comme étant de vieille noblesse par Chamillard, intendant de la généralité de Caen, et fut cause que *Pierre* et *Jacques du Mesnil-Eury*, résidant à Remilly, furent condamnés comme usurpateurs de noblesse, en refusant de les reconnaître comme appartenant à sa famille : il est vrai que, de son côté, le commis de Chamillard soutenait qu'ils étaient descendus d'un bâtard. Cela n'empêcha pas, comme nous l'avons déjà vu, Charles du *Mesnil-Eury*, du Grand-Moulin, de reprendre ces prétentions dans les premières années du XVIIIe siècle. — Jean IV mourut à Gonneville en 1702, après avoir perdu sa seconde femme en 1691.

De son vivant, le fief de Hubertant était estimé à 400 livres par an, plus les trois moulins du Couaisel, dont deux à blé et l'autre à drap et à tan, valant 300 livres par an, un autre moulin banal, appelé le moulin de St-Louet, valant 100 livres, et une fuie au haut de la montée d'un corps de maison en grange, écurie et pressoir. — Dans les dernières années, son sénéchal était Me Bonaventure Lelièvre, avocat; et son greffier, Me Jean Morel, notaire.

*Charles du Mesnil-Eury*, né à Saint-Louet le 28 septembre 1656, réunit sur sa tête : 1° du côté de son père, les fiefs, terres et seigneuries du Mesnil-Eury, Hubertant, Mesnil-Vigot, Montaigu; 2° du côté de sa mère, Gonneville, Maupertuis, Neville; 3° du côté de sa femme, *Louise-Thérèse Simon*, qu'il épousa en 1673, Vatteville, Herquetot, la Chênée, Chauvigny, Rauville-la-Bigot, St-Planchers, Herveroux; 4° par acquêts, Vauville, Vaubadon en Feugères, Chanteloup et Mesnildot en la Chapelle-en-Juger. C'était donc un des plus riches seigneurs du pays.— Sa femme mourut à Gonneville, le 12 septembre 1727, et lui (au même lieu) le 27 décembre 1733, laissant trois fils et une fille.

Le second de ses fils, *François-Gabriel du Mesnil-Eury*, fut seigneur de Hubertant et en prit le nom, du vivant de son frère aîné, sieur de Gonneville, Chanteloup, Vauville, Vaubadon, Mesnildot, La Chênée et Rauville, capitaine au régiment de Piémont, chevalier de St-Louis. Ses deux frères moururent avant lui : il leur succéda, réunit tous les grands biens de sa maison et fut le dernier de son nom. Il mourut à Gonneville, sans avoir été marié, le 5 avril 1775, à l'âge de 82 ans.

*Thomas-Henry-Robert, marquis d'Angerville*, sieur de Colleville, demeurant à Caen, et mort sans enfants à Paris en juillet 1788, fut son unique héritier. Il était petit-fils, par sa mère, de *Susanne du Mesnil-Eury*, mariée à *Henri Louvet*, écuyer, conseiller au parlement de Normandie en 1679. Il vendit le fief, terre et seigneurie du Mesnil-Eury, ainsi que les moulins du Couaisel, et prit l'amortissement d'un grand nombre de rentes à St-Louet.

*Jean-Louis-Nicolas de Berruyer*, sorti au troisième degré de Suzanne du Mesnil-Eury, succéda au sieur d'Angerville dans les fiefs de Hubertant et de Gonneville qui passèrent ensuite, par des arrangements de famille, à *Jean-Auguste-Marin-Marie de Berruyer*, sieur de Torcy. Ce fut le dernier seigneur de Hubertant: après la Révolution, il en vendit la terre par différents contrats devant M° Vesque, notaire à Saint-Lo, le 9 thermidor an X, pour 33,000 fr., et le 24 frimaire an XI, pour 59,000 fr.

### N° 8. — LE FIEF DE ST-LOUET-SUR-LOZON.

Il est encore question dans les archives de Marigny d'un huitième de fief de chevalier à St-Louet. Il est mentionné dans l'aveu rendu au roi par Louis II de Rohan le 20 mai 1499, dans ces termes : « Les hoirs ou ayant-cause de *Jean Lefebvre* en » tiennent de nous par hommage un membre de fieu par le » huitième d'un fieu de haubert, assis en la paroisse de St- » Louet-sur-Lozon, etc. » On le retrouve dans l'aveu de Louis IV de Rohan, rendu le 22 janvier 1522, et dans celui de Louis V, rendu le 21 juin 1532. — Dans le *Journal et papier-cueilloir* de 1785, on lit : « *Fief de St-Louet*, huitième de fief de chevalier, » ledit Messire *Charles Habert,* seigneur de Montmort, doit à » cause d'icelui, au terme de la St-Michel, 8 sous ; audit terme » 76 sous à recueillir pour *aide* des hommes d'icelui, qui en » sont solidairement prenables. »

### N° 9. — SEIGNEURIE DE HAUTEVILLE-LA-GUICHARD, (1)
*Membre du marquisat de Marigny.*

La paroisse de Hauteville, qui a vu naître les Tancrède, possédait trois fiefs nobles à la fin du XVIIᵉ siècle : le fief *Louvel* qui appartenait au marquis de Dampierre, seigneur du Lorey à Cambernon ; le fief de *Vanlous* qui, en 1706, appartenait à Jean Le Jolly de Villiers, écuyer, sieur du Bouillon, et qui primitivement était à Julien du Bouillon, sieur de Gouey, du Bouillon et de Vanlous ; lui-même l'avait acheté vers 1670 de Gilles de Cussy, écuyer, sieur de Belval, acquéreur vers 1662 de Pierre de Coquerel, sieur de Vanlous, roturier : en 1674 ce fief était estimé à 120 livres de rente. — Enfin la *seigneurie de Hauteville* proprement dite. — Les deux derniers fiefs, d'après le registre des chevauchées du sieur de Longbois, en 1706, relevaient du marquisat de Marigny.

Primitivement le fief de Hauteville dépendait de la baronnie de Say à Quettreville, et avait son extension au Mesnil-Vigot et

(1) Généralité de Caen, élection de Coutances, sergenterie au Gascoing. (278 feux en 1709.)

à Quettreville. — En janvier 1289 on trouve le rôle des rentes et revenus de cette seigneurie qui appartenait à Geffroy de Montenay, ch<sup>r</sup>. — Le 7 mars 1431, Jean Bareton, écuyer, en rendit aveu, comme d'un plein fief, à Robert Thyboutot, chevalier, baron de Marigny ; il reconnaissait avoir le patronage de l'église, un parc enclos de murs et de fossés, manoir, colombier, vivier, étangs, pêcheries, droit de cheminage par eau et par terre, sauf les chemins royaux, moulin à bled et *moulin à foulon.* — Le 10 novembre 1461, cette seigneurie était cédée, moyennant 1800 écus d'or, par Guyon d'Epinay, sieur du Bois-du-Lys, à Jean de Montauban, baron de Marigny. — En 1575, le prince de Guéméné, dans la famille duquel elle était entrée par le mariage de Charles II de Rohan et de Marie de Moutauban, la céda à Henry de Silly, chevalier, comte de la Roche-Guyon, en échange de ce qui lui appartenait dans la terre et seigneurie de Rochefort ; mais il la racheta en 1582 (4 mars).

Le 18 novembre 1648, on trouve une sentence du sénéchal de Marigny qui condamne Guillaume Bellin, seigneur de la Rivière, à la confiscation d'un cheval et d'un sac de farine, attendu qu'il avait été moudre à un moulin étranger. Les trois moulins de Hauteville valaient alors 600 livres au marquis de Marigny.— En 1674, Michel Bellin, écuyer, sieur de la Rivière, possédait un colombier, détaché des maisons, sous lequel était un lavoir et une fontaine, estimé à 120 livres de rentes. — A la fin du XVII<sup>e</sup> siècle, le sénéchal était M<sup>e</sup> J. Duprey, et le greffier, Jean de Pirou.

Parmi les arrière-fiefs situés à Hauteville, on remarque : les fiefs de *Gouey* et au *Forestier,* qui appartenaient à la famille du Bouillon, anoblie en 1584. Le fief de la *Monnerie,* qui appartenait vers 1785 à Jean Michel, écuyer. Les fiefs du *Vey,* de la *Barberye,* qui appartenaient à la famille de Pirou ; le ténement *Breton,* qui appartenait à Léonord Goueslard, sieur de Champigny.

Parmi les arrière-fiefs situés au Mesnil-Vigot, on remarquait le fief au *Briant,* qui appartenait à Charles du Mesnil-Eury, écuyer, sieur de Hubertant ; le fief au *Marquand,* qui apparte-

nait à Louis d'Auxais, écuyer ; (1) le fief *Clouet*, qui appartenait à Toussaint de Soulles.

La franche vavassorie DE LA RIVIÈRE, sujète aux reliefs, aides,
etc., appartenait primitivement à la famille de Melchior Bellin,
écuyer, dont la noblesse ne remonte qu'à 1610, et qui prenait le
titre de sieur de la Rivière. (2) Elle lui était arrivée par suite
d'alliances avec la famille de Vincent Duchemin, (3) avec les
Dancel, écuyers, seigneurs du Tot, les le Trésor et les Cardonnel. Ces mêmes familles possédaient encore sous la verge de
Hauteville les arrière-fiefs de *Caveron*, de la *Cointerie*, de la
*Baffardière*, *Marette*, etc.

L'histoire de la paroisse elle-même mériterait d'être étudiée ;
nous nous contenterons d'indiquer ici quelques faits isolés que
d'autres pourront compléter.— On trouve à la date du 12 février 1585 l'acte de fondation de la chapelle de la Trinité dans
l'église paroissiale de Hauteville, sur les murs de laquelle,
en 1789, on voyait encore l'écusson des Rohan-Guéméné.
C'était en effet dans cette paroisse qu'était au XVIIe siècle
la résidence des marquis de Marigny, et dans les registres
paroissiaux, à la date du 29 mars 1629, on trouve *l'acte d'inhumation, dans le chœur de l'église, du corps d'Alexandre
de Rohan, fils naturel de haut et puissant seigneur, Monseigneur le marquis de Marigny.* Il s'agit ici du fils d'Alexandre
de Rohan qui avait autorisé le 1er juin 1626 la vente faite par
Nicolas du Bouillon, sieur de Gouey, à maître Nicolas Le
Queuvre, faisant pour les habitants de Hauteville, de 26 perches
de terre destinées à servir de cimetière aux habitants qui
étaient de la Religion prétendue réformée.

A la fin de cette même année 1626 (en novembre et en
décembre) une maladie contagieuse désola cette paroisse ; en

(1) Les d'*Auxais* furent reconnus d'ancienne noblesse au Mesnil-
Vigot par *Chamillard*, intendant de la généralité de Caen en 1666.

(2) Ses armes étaient : *d'azur au chevron d'or, accompagné de trois
aigles éployées d'or, 2 en chef et 1 en pointe.*

(3) On lit, dans l'église de Hauteville, l'épitaphe de noble homme
Gilles Duchemin, décédé en 1480.

deux mois il y eut trente-deux décès ; six personnes seulement furent enterrées dans le cimetière, les autres furent inhumées en lieu profane, dans les champs, dans les jardins, sous le seuil même des maisons. On voulait peut-être éviter le retour de la peste, qui cependant reparut en novembre et en décembre 1636, dans les trois derniers mois de 1637, en juillet et en août 1638, faisant toujours de nombreuses victimes que l'on inhumait encore dans leurs propres jardins.

Si l'on avait le temps de parcourir tous les registres des églises dans toutes les paroisses, on y trouverait bien des choses intéressantes pour ces localités. Nous nous sommes contenté, ne pouvant faire mieux, de relever ce qui nous a paru important pour les familles les plus notables de Hauteville, pendant les quarante premières années du XVIIe siècle. (1)

Nos 10 et 11. — Fiefs d'Avenel et du Mesnil-Aleaume.

Dans la paroisse de Marigny, outre la *grande* et la *petite Verge* et le fief d'Aunay, dont nous avons parlé plus haut, il y avait encore deux fiefs nobles :

1° Le fief, terre et *seigneurie d'Avenel* qui comptait pour un demi-fief de chevalier et avait aussi son extension en dehors de la paroisse de Marigny. Le seigneur devait au marquis de Marigny foi et hommage, 50 sols à la St-Michel, et à Pâques 3 sols 6 deniers pour graverie, plus les reliefs, treizièmes, aides, sous-aides, et les trois aides coutumiers de Normandie. — Parmi les ténements qui se trouvaient dans ce fief on remarque : le *Clos à Vigne*, les petites *Poteries* et les grandes *Poteries*.

En 1457, noble homme *N. de Verdun* était seigneur d'Avenel. —En 1464 et en 1474, Guillaume Achier en rendit aveu à *Georges de la Trémouille, baron de Marigny.* — En 1480 nous retrouvons Robert de Verdun.— En 1540, 1552, 1559 et 1561, *Claude de Verdun*, écuyer, rendit aveu à Louis de Rohan. — Après lui vient Nicolas de Verdun. André Duhamel, écuyer, seigneur de Villechien et d'Avenel, est signalé de 1572 à 1576 :

(1) *Pièce justificative n° IV.*

c'était un mariage qui avait fait passer cette seigneurie dans sa famille. — Le 8 octobre 1623, René Duhamel, seigneur de Villechien, vendit la terre, fief et seigneurie d'Avenel, pour 2,400 livres, à Alexandre de Rohan dont on trouve les successeurs pendant une grande partie du XVIII⁰ siècle. Mais en 1785 ce fief appartenait à Charles Hubert, seigneur de Montfort, maître des requêtes.

2⁰ Le fief DU MESNIL-ALEAUME, situé à Marigny, et comprenant quinze vavassories ou aînesses, est compté comme un demi-fief de chevalier dans l'aveu rendu par Jean Coudrey, écuyer, le 12 mai 1540, et par Christophle Coudrey, écuyer, en 1550, à Louis de Rohan. Mais dans l'aveu rendu le 15 mars 1558, par Jacques Gardie et ses puinés, il n'est compté que comme un tiers de fief. — Il contenait 450 acres de terre. — En 1785 il était depuis longtemps réuni au marquisat, et les hommes tenants dudit fief devaient solidairement et par indivis, 4 livres, 7 sols, 6 deniers, au terme de la Saint-Michel.

## Nᵒˢ 12 à 16. — LES FIEFS DU LOREY.

La paroisse du Lorey qui, en 1698, payait 2,878 livres de tailles, et qui avait 244 feux du temps de Masseville (1722), comptait *sept* fiefs nobles qui tous, à la fin du XVII siècle, avaient pour sénéchal Mᵉ Jean Duprey, avocat, demeurant à Feugères, et pour greffier Charles Lemansois, du Lorey. (1) Nous avons déjà eu occasion de parler de la verge de Montfort; il nous reste à passer les autres fiefs en revue.

1⁰ et 2⁰ *Le fief du Lorey et de Bellouze* était un plein fief de chevalier qui s'étendait au Lorey et à Camprond. — Au commencement du XIII⁰ siècle la seigneurie du Lorey, dépendant de la baronnie de Remilly, appartenait à Enguerrand de Camprond, et

(1) Ils étaient estimés valoir 3,000 livres de rentes. — Le colombier du Lorey valait 80 livres, *celui de Bellouze,* 100 livres. — Hervé de Cocquerel, roturier, avait un colombier au-dessous duquel était une étable près d'une boulangerie, estimé 50 livres par an. — Les héritiers de Pierre Quintaine-Billardière, roturier, avaient une fuie construite en forme de tour; et Olivier de Cocquerel la Ruquetière possédait un moulin à tan, estimé valoir 30 livres de rente.

ne comptait alors que pour un demi-fief. — A l'Echiquier tenu
à Caen à la St-Luc 1263 les hommes du Lorey durent payer
une aide de relief au seigneur de Courcy. (1) — En 1322 un
autre Engerrand de Camprond, seigneur du Lorey, obtint du
roi l'établissement d'une foire sur sa terre sise à Montaigu, près
la chapelle de St-Léonard, le 6 novembre, jour où l'on célèbre
la fête du Saint dans cette chapelle. — En 1327, Maheut de
Camprond tenait de Guillaume de Camprond, en parage, un fief
tenu de Richard de Courcy, chevalier, seigneur de Remilly,
assis aux paroisses du Lorey et de Hauteville, et valant bon an,
mal an, 60 livres.

Pendant l'occupation anglaise, on trouve dans le *Registre des
dons, confiscations, maintenues et autres actes faits dans le
duché de Normandie en 1418, 1419 et 1420 par Henri V :*
« Le 11 septembre 1418, répit fut accordé jusques à Noël à Jean
» de Camprond, écuyer, des fiefs et héritages à lui donnés. —
» Le 30 janvier 1419, répit d'un mois fut accordé à Robert de
» Camprond, écuyer, de ses terres qu'il tenait avant la venue du
» roi et qui lui avaient été rendues par la composition de Cher-
» bourg. — Le 4 mars 1419, un délai d'un mois fut accordé
» à Richard de Camprond, écuyer, de ses héritages et revenus à
» lui rendus par le roi, et il fut mandé au vicomte de Coutances
» de le laisser jouir. — Le 18 mars 1419, un délai fut accordé
» à Roger de Camprond, écuyer, qui avait fait hommage le
» 4 mars, *l'an 6ᵉ du règne du Roy Henri*, et il fut mandé au
» bailli de Cotentin et au vicomte de Carentan de le laisser jouir.
» — Le 24 juillet 1419, expédition fut délivrée du don fait à
» Enguerrand de Camprond, écuyer, au bailliage et vicomté de

(1) *Le Lorey.* — Scacarium apud Cadomum in festo Beati Luce
anno Domini Mᵒ CCᵒ LXᵒ IIIᵒ.

Nᵒ 747. Judicatum est quod homines de *Lore* in Costentino facient
auxilium releveii domino de Curceyo de morte conestabularii Normannie
ratione quod dominus de Sae, dominus eorum, tenebat de dicto cones-
tabulario per paragium quasi postnatus.

*Recueil des jugements de l'Echiquier de Normandie au XIIIᵉ siècle,*
par M. Léopold Delisle, in-4ᵒ, Paris, imprimerie impériale, *p.* 172.

» Cotentin, et il fut mandé aux officiers royaux de le laisser
» jouir. » — La famille de Camprond n'avait pas pris part à la
résistance énergique qui s'était cependant organisée dans le pays.
Nous la retrouvons après la guerre de cent ans, mais elle semble
s'être éteinte vers le commencement du XVI° siècle.

Le 26 mai 1452, Raoul de Camprond rendit aveu à haut et
puissant seigneur Jean, sire de Montauban, de Landal, baron de
Marigny, Say et Cenilly, pour le fief du Lorey, dont le chef était
assis au Lorey, et s'étendait ès paroisses de Camprond, Hauteville,
etc., tenu pour un plein fief de haubert, franchement et noblement, à simple gage-plège, cour et usage, avec manoir, motte,
colombier, droit de garenne, de vivier, étang, réservoir à pois-
sons, etc., droit de patronage et de présentation dans les églises
du Lorey, de Camprond et dans la chapelle de Belval. Il confessait devoir à raison de ce fief 44 mansois pour graverie, moitié
à Pâques, moitié à la St-Michel, le service d'un chevalier à la
garde du château de Marigny une nuit et un jour par an, quand
il y a nécessité, six deniers pour une paire d'éperons, et un
épervier à la St-Martin d'hiver. — D'après le Journal et papier-
cueilloir dressé en 1785, le seigneur du Lorey devait encore les
reliefs, treizièmes, aides, etc., le service de 12 hommes une fois
l'an pour aider à réparer l'écluse aux chaussées de Remilly, lieu
de la Tourelle ; et les hommes tenants devaient part et rapport de
coutume. — Dans le même aveu, Raoul de Camprond déclarait
encore tenir le fief de BELLOUZE, tenu pour 1/7 de fief de ch<sup>r</sup>, assis
au Lorey et à Hauteville et pouvant valoir 20 livres de rente,
avec reliefs, treizièmes, etc. — Le 24 mars 1456, Jean de Camprond, qui avait épousé Marie de Marigny, rendit aveu pour le fief
du Lorey, pour le 7° de fief de Bellouze et pour un convenant de
fief nommé *la Remeltière*. — Le 5 janvier 1540, Louis de La
Luzerne, écuyer, rendit aveu du fief du Lorey à Louis de Rohan,
s<sup>gr</sup> de Guéméné. — En 1549 et en 1559 il y a des aveux d'Antoine
de la Luzerne. — A cette époque, c'était Arthur de la Luzerne
qui tenait *le septième de fief* de Bellouze, dépendant de la seigneurie du Lorey. — On trouve comme seigneurs du Lorey et

de Camprond : en 1598, Julien de La Luzerne ; au commencement du XVIIᵉ siècle, Antoine de La Luzerne; en 1613, Julien de La Luzerne, également seigneur de St-Hilaire; en 1654, Jacques de La Luzerne.

En 1666, Chamillard trouva au Lorey, nobles d'*ancienne noblesse* : Léonor et Pierre de Ste Marie (1) et Louis de Percy ; nobles *ayant justifié de leurs quatre degrés* : Nicolas et Gilles Leroy, et enfin Pierre Lecocq anobli en 1544. — En 1694, César de La Luzerne, chevalier, marquis de Beuzeville, vendit à Jacques Michel, écuyer, gouverneur de Coutances, seigneur de Bellouze, de Cambernon et d'Isigny, le fief, terre et *châtel* du Lorey à Camprond, pour le prix de 30,000 livres; mais il conserva le fief du Lorey au Lorey, et en 1707 il en est encore indiqué comme propriétaire. (2) — En 1720, Jean de Fraslin, écuyer, était seigneur et patron du Lorey. Après lui on trouve messire Clair de Fraslin et Jean-Marie-François de Fraslin, écuyer, qui figura comme seigneur du Lorey à l'assemblée des trois ordres du bailliage de Cotentin en 1789. (3)

3° *Le fief de Campcerveur*, (4) situé au Lorey, comptait pour 1/4 de fief : il devait à la baronnie de Marigny, reliefs, treizièmes, aides et 21 mansois valant 3 sols 6 deniers à la St-Michel, pour graverie; plus, le service d'un homme un jour et une nuit, armé d'un arc et de deux têtes ferrées, en la rue du Noe dans la *ville* de Marigny, pour les défense et garde dudit lieu, quand il est nécessaire. Le baron avait sur ce fief droit de cheminage partout où il lui plairait. — On trouve un aveu de Richard de Campcerveur, écuyer, sgʳ du lieu, 12 mai 1540. Un autre aveu fut rendu le 2 mai 1544 à Louis de Rohan par Jacques du Burat,

(1) Les armes de cette famille étaient : écartelé d'or et d'azur : au 1ᵉʳ et au 4ᵉ d'or, au 2ᵉ et au 3ᶜ d'azur.

(2) Il avait alors 40 ans, et résidait à son château de Beuzeville.

(3) Vers le milieu du XVIIIᵉ siècle, le seigneur du Lorey avait vendu son droit de chasse et de pêche à Pierre Lepesant, sieur des Vallées, alors haut bailli de Villedieu.

(4) Le Moulin de Campcerveur, qui appartenait à Pierre de Ste Marie, était estimé valoir 300 livres de rentes (1674), et le colombier 80 livres

écuyer, sieur d'Agon, à cause de Louise Potier, son épouse, seule fille et héritière de Charles Potier, écuyer, sieur de Campcerveur. Il reconnaissait avoir manoir, colombier, étangs et moulins, l'un à blé, l'autre *à draps*. — Le 10 juin 1654, Jacques de la Luzerne, seigneur de St-Hilaire, rendit aveu pour le 1/4 de fief de Campcerveur. — En 1672 Charles de Rohan, marquis de Marigny, mit opposition à l'entérinement des Lettres d'union des anciens fiefs du Lorey et du Chastel, situés en la paroisse de Camprond, aux fiefs de Campcerveur, la Ruquetière, la Jusselière, Bellouze et *Louvel*, et à leur érection en plein fief de haubert, mouvant et dépendant du marquisat de Marigny, obtenues en mai 1692 par Antoine de Longaunay, ch$^r$, marquis de Dampierre, et dame Marguerite-Henriette de la Luzerne, son épouse, au droit de César de la Luzerne, ch$^r$, seigneur de Beuzeville. Toutefois il se désista de son opposition le 1$^{er}$ juillet 1693. — En 1785, on trouve Pierre de Ste Marie, écuyer, représentant pour ce fief et les deux suivants, Clair de Fraslin, écuyer, seigneur du Lorey, Camprond et Hauteville-la-Guichard.

4° — *Le fief du Chastel*, comptant pour un sixième fief de chevalier, et assis aux paroisses du Lorey, de Camprond et de Hauteville, devait au marquisat de Marigny, au terme de la Saint-Michel : 20 sols, 44 mansois et 12 perdrix ; au terme de Pâques, 11 deniers. Le marquis de Marigny y avait droit de garde, gage-plège, reliefs, treizièmes, aides, sous-aides, etc.

En 1327, d'après l'Etat des fiefs de la vicomté de Coutances, Robert Jugan le tenait de Richard de Courcy, sire de Remilly ; il valait alors *cent sous* de revenu à la St-Michel. — Nous avons un aveu du 15 septembre 1565 rendu à Louis de Rohan par Jean Lechevalier, sieur du Chastel. — En 1674, Pierre de Ste-Marie, écuyer, seigneur de Canchy et du Chastel, se disait par suite seigneur du Lorey, et il est ainsi désigné dans la liste des fiefs nobles de l'Election de Coutances.

5° et 6° — *Le fief de la Ruquetière et de la Jusselière*, assis en la paroisse du Lorey avec extension en celle de Hauteville, comptait pour un quart de fief de ch$^r$. Il devait au terme de la St-

Michel, pour chef-aide, 11 deniers, plus une paire d'éperons audit terme, valant 6 deniers, avec le droit de garde, treizièmes,
aides, etc. — Le fief de la *Jusselière* qui, d'après l'acte d'opposition de 1692, valait un quart de fief, relevait de la Ruquetière,
et on lit dans le Journal et papier-cueilloir de 1785 : « Au terme
» de la St-Michel, payé par les tenants de la Jusselière et de
» Lambroissière, étant sous ledit fief de la Ruquetière, 13 sous;
» audit terme, 13 mansois. » — Le 28 avril 1507, il y a un
aveu de Gilles de Camprond, seigneur du fief, terre et seigneurie de la Ruquetière et l'arrière-fief de la *Billardière,* contenant
120 vergées de terre. Entre autres choses, *chacun reséant audit fief, qui a femme, doit filer ou faire filer chacun an
une livre de lin frais, dont pour ce ledit seigneur leur doit
2 deniers ou 2 pains de cour à celui qui le porte filé à sa
maison.* — Par accord du 3 janvier 1598, Alexandre de Rohan
laissa ce fief à Julien de la Luzerne, seigneur du Lorey, de
Camprond et de St-Hilaire.

7° Il y avait encore au Lorey, outre les *moulins de la Fosse,*
le *fief ou Vavassorie Helby* qui, de Pierre de S$^{te}$-Marie, écuyer,
était passé en 1785 à Julien Hue, sieur de Magny, conseiller et
procureur du roi de police au bailliage et siége présidial de
Coutances, héritier en partie de demoiselle Quintaine, sa mère,
fille et héritière de M$^e$ Nicolas Quintaine, conseiller élu en
l'Election de Coutances, et dont la famille avait de grandes possessions dans le pays. Ce fief devait à la baronnie, à la Saint-
Martin d'hiver, un épervier, et deux gelines à Noël.

### N° 17. — Le Fief et le Domaine de Camprond. (1)

D'après le rôle des fiefs de l'élection de Coutances, à la fin du
XVII$^e$ siècle, il n'y avait qu'un fief noble dans la paroisse de
Camprond. On l'appelait depuis les temps les plus anciens le

(1) Généralité de Caen, Election de Coutances, sergenterie de la
Halle.—En 1698, la taille pour les habitants de cette paroisse, qui
comptait 133 feux, était de 1,281 livres (chevauchées du sieur de
Longbois). — Il y avait deux moulins à blé, appelés les moulins de
Camprond. Ils valaient 200 livres à la même époque.

*fief du Lorey*. Il avait été acheté en 1691 par Jacques Michel, écuyer, sieur de Bellouze, qui prit comme sénéchal Me Gilles Denis, procureur à Coutances, et pour greffier Me Jacques Adam-Desnoyers. — Il y avait à Camprond un colombier sous lequel était une étable ; il appartenait aux trois filles et héritières de Jean Leroy, écuyer, qui s'étaient mariées en roture. — Il y avait aussi deux fuies, appartenant (fin du XVIIe siècle) l'une à Pierre Letrouyt, l'autre à Pierre Duprey.

Le domaine de la *Richommerie*, situé à Camprond, relevait également du marquisat de Marigny. L'*aîné*, Olivier Letrouyt (en 1785) représentant Michel Leroy, écuyer, devait au marquis *deux sols* à la St-Michel et deux chapons à Noël.

En 1789, Jean-Louis de Carbonnel, baron de Marcey, seigneur de Belval et du fief de Marivaux, à Cambernon, était aussi seigneur de Camprond. (1)

### No 18. — Fief de Gratot. (2)

La paroisse de Gratot, séparée des précédentes par celle de Cambernon, contenait quatre fiefs nobles au XVII siècle : 1° le fief du domaine du roi en *sa table* de Gratot, vicomté de St-Sauveur-Lendelin ; 2° le fief de *Gratot*, proprement dit ; 3° le fief de l'*Isle* ; 4° le fief de *la Mare*. (3) Ces trois derniers appartenaient alors

(1) Procès-verbal de l'assemblée des trois ordres du Bailliage de Cotentin.

(2) Généralité de Caen, Élection de Coutances, sergenterie de la Halle. (117 feux en 1709.)

(3) Au XVIIe siècle, le fief de Gratot et celui de l'Isle valaient 900 livres de rente, le moulin de Gratot 210, et le colombier 150. — Nicolas Costentin, écuyer, sieur de Coutainville, possédait le moulin Julien qui était à blé, et estimé 100 livres par an.

M. Jean Dauvin (roturier), de Coutances, huissier en l'Élection dudit lieu, avait une fuie au haut de sa maison, élevée en façon de tour. — Les héritiers de M. Jean Blin, sieur de Guéhébert, roturier, avaient aussi une fuie. — M. Louis Dauvin, roturier, avait aussi une fuie sur une boulangerie isolée des autres maisons. — M. Gabriel Desisles, avocat à Coutances, en était le sénéchal, et Me Guillaume Jourdan, ci-devant notaire, en était le greffier.

à Georges d'Argouges (1) écuyer, seigneur de ladite paroisse. Le fief de Gratot était entré dans cette famille, dit M. de Gerville, par le mariage de Guillaume d'Argouges avec Jeanne de Gratot, vers 1251. Avant le XIII⁰ siècle, on trouve un Clarembald de Gratot, bienfaiteur de l'abbaye de Lessay en 1126 ; puis Gilbert de Creully et Richard de Creully, sur lequel ce fief fut confisqué par Philippe-Auguste, probablement parce qu'il avait pris le parti de Jean-Sans-Terre. Depuis, sauf pendant une partie du XIV⁰ siècle, (1311-1348) où il entra sans doute par un mariage dans la famille du Saussey, ce fief n'a pas cessé, jusqu'en 1778, d'appartenir à la famille d'Argouges. En 1789, ce fut Guillaume-François Douessey qui comparut à l'assemblée des trois ordres du bailliage de Cotentin, comme seigneur de Gratot.

On trouve dans les archives de Marigny trois aveux rendus au XVI⁰ siècle aux barons de Marigny, l'un le 8 juillet 1500 par Pierre d'Argouges ; un autre le 14 janvier 1533 par Gilles d'Argouges, et le dernier le 5 mars 1572 par Jacques d'Argouges. L'aveu de 1533 nous apprend que le fief de Gratot (érigé depuis en marquisat dans le courant du XVII⁰ siècle en faveur de Louis d'Argouges) était un plein fief de chevalier, s'étendant à Nicorps, Montcarville, Tourville, Geffosses et Anneville. Il avait droit de patronage et de présentation aux deux cures, manoir, douves, étangs, colombier, moulins à blé et *à draps;* et « étaient tenus les vavasseurs, c'est-à-savoir ceux » qui se mariaient, de joûter sur des bêtes chevalines, et férir » au post, chacun d'une lance à plein poing, tant qu'ils eussent » chacun une lance rompue, ou qu'ils fussent tombés par terre, » et chacun qui tombait devait au seigneur de Gratot pour ce » 18 sous tournois d'amende, et ceux qui ne voulaient joûter » lui payaient chacun 18 rez d'avoine et étaient ces choses » appelées *Quintaine.* »

(1) En 1666 (Chamillard) Louis d'Argouges fut reconnu de vieille noblesse à Gratot. Il portait écartelé au 1er et au 4e d'or, au 2e et au 3e d'azur, chargé sur le tout de 3 roses de gueules, 2 en chef et une en pointe.

Dans le *Journal et papier-cueilloir* de 1785 on lit : « *Fief de Gratot, plein fief de haubert ;* Louis d'Argouges à présent messire Jean-Antoine d'Argouges, chevalier, marquis de Gratot, doit à cause dudit fief, situé en la paroisse de Gratot et autres, à la mi-Carême, 6 livres, 5 sous ; doit droit de garde, reliefs, treizièmes, aides, etc. — Reçu de M. le Receveur de Gratot ( 28 avril 1788) par les mains du sieur Le Rebourg, fermier de Loiselière , 6 livres, 5 sous, 4 deniers, à valoir au présent sous toutes réserves de droit. »

Nos 19 et 20.— Fief de Gouville et de Grimouville.

La paroisse de Gouville, située à l'O. de Gratot, (1) et voisine des extensions de ce fief dans les paroisses de Montcarville, d'Anneville et de Geffosses, ne possédait qu'un seul fief, relevé pour demi-fief de haubert, qui s'étendait dans toute la paroisse. — La mouvance de ce fief a donné lieu à bien des contestations. Il appartenait primitivement à la famille de Say. Gervaise de Say, femme de Geoffroy de Montfort, avait donné le patronage de l'église à l'abbaye de Savigny, dans une charte confirmée par Henri II. D'après deux aveux de 1420 et de 1431, rendus par Jean de Grimouville de la baronnie de Say en Gouville, ce fief aurait dépendu de l'ancien comté de Mortain, et devait 40 jours de service de chevalier à la barre de Montfautrel, une fois en la vie du roi, et 17 hommes pour garder les foires de Montmartin (dans celui de 1420, c'est 53 hommes). — Jean de Grimouville étant mort sans enfants de son mariage avec Jeanne d'Anneville, ses neveux furent mis en la garde du roi pour 10 livres de rente; ce fut Robert de Grimouville, chanoine de Coutances, curé de Carantilly et seigneur de Grimouville qui prit cette garde. — Cependant, au XVIe siècle, on trouve une sentence rendue en la vicomté de Coutances entre Michel Avier, seigneur de Mary, procureur du roi à Coutances, et Nicolas de Gascoing, écuyer, procureur de Louis de Rohan, baron de Marigny, sur les con-

(1) Généralité de Caen, Élection de Coutances, sergenterie Maufras. (101 feux en 1709.)

testations qui étaient pour la mouvance du fief de Gouville, appartenant à noble homme Jean de Menneville et à la dame son épouse. Le procureur du roi prétendait qu'il relevait du roi ; le baron de son côté soutenait ses droits. Il y eut appointement : et l'on trouve, le 7 novembre 1612, un aveu de Louis d'Argouges, écuyer, rendu au baron de Marigny pour le fief de Gouville tenu par 1/4 de fief *de baronnie*. — Le 4 juillet 1622, noble homme Bernard Davy, sieur et patron de Quettreville, rendait aveu à la baronnie de Gouville pour la terre, fief et seigneurie de Quettreville qu'il tenait noblement à gage-plège, cour et usage. — En 1666, Chamillard trouva nobles *d'ancienne noblesse* à Gouville : Michel d'Argouges ; Thomas et Gilles de Chantelou. Dans le *Journal et papier-cueilloir* du marquisat de Marigny, rédigé en 1785, on trouve que les hoirs ou ayant cause du Messire Jean de Grimouville (XVe siècle), depuis Michel d'Argouges, écuyer (mort en 1701, âgé de 88 ans), à présent, Messire Jean-Antoine d'Argouges, chevalier, marquis de Gratot, doivent au marquisat de Marigny, à cause dudit fief, au terme de la St-Michel, 13 sols, avec droit de garde noble, reliefs, treizièmes, aides, etc. — On lit également dans le même *Journal* : Fiefs de *Gouville et Grimouville* tenus par parage ; Philippe de Montauban doit, à cause des fiefs assis en la vicomté de Valognes, droit de garde noble, reliefs, treizièmes, aides, sous-aides, etc.

## VI.

### Nos 24 à 27. — FIEFS DE NOTRE-DAME-DE-CENILLY.

D'après le registre des fiefs de l'Élection de Coutances au XVIIe siècle, on comptait *onze* fiefs nobles à Notre-Dame-de-Cenilly. (1) Le sieur de Longbois dans ses chevauchées en 1707 les mentionne aussi comme relevant tous du marquisat de

(1) Généralité de Caen, Élection de Coutances, sergenterie Maufras. (353 feux en 1709).

Marigny. C'étaient : 1° *La Baronnie*, — 2° *Breuilly*, — 3° *Bouillon*, — 4° *Lengronne*, — 5° *Marcambye*, — 6° *La Retoure*, — 7° *Le Mesnil-Normand*, — 8° *Le Mesnil-Lambert*, — 9° *La Cour d'Ouville*, — 10° *Mortain*, — 11° *Varcanville*.

Les moins importants de ces fiefs étaient *Bouillon* et *Lengronne* qui, en 1707, appartenaient à Jean-Manuel Des Monts, conseiller du roi en l'Élection de Coutances, — *Varcanville*, qui appartenait au sieur Juhel, — et *La Retoure*, qui appartenait au sieur Le Bachelier. — Nous allons suivre les autres, autant que nous le pourrons.

1° *La baronnie de Say à Cenilly, membre du marquisat de Marigny*, faisait partie de l'ancien domaine de la famille de Say, et appartenait en 1098 à Jourdain de Say et à Luce, sa femme, qui fondèrent les deux églises de N.-D. et de St-Martin, et donnèrent entre autres choses au curé de la première les dîmes de leurs domaines de Marcambye et du Mesnil-Lambert. — Au XIVe siècle un Guillaume de Breuilly, héritier de Jourdain Say, possédait la baronnie de Say à Cenilly. — Dès 1450 (20 mai) elle était réunie à la baronnie de Marigny d'après l'aveu de Jean de Montauban. A la fin du XVIIe siècle, le sénéchal était Me Jean Duprey, et le greffier, Jean de Pirou.

Elle comprenait, d'après le *Journal* de 1785, onze arrière-fiefs, savoir : *Le fief et vavassorie de la basse-Marcambie* qui appartenait à M. Rocque, ancien directeur des aides à Coutances, acquéreur de M. le comte de Bérigny ; — le fief de la *Viardière*, qui appartenait à madame de Bray, veuve du sieur Richier ; — le fief de *Lemondière*, qui appartenait au comte de Chevreuse, mari de la fille et héritière de M. de Cerisy ; — le fief de la *Leticière*, qui appartenait à M. Bernardin Cotelle d'Outresoulle, conseiller du roi à Coutances, qui, pour droit de fuie, devait 4 pigeons blancs à la Pentecôte ; — le fief de la *Viguerie*, au même ; — les fiefs de la *Bachelerie* ; — le fief de la *Fosse* ; — le fief du *Taillis*, qui appartenait Jacques du Quesne, écuyer ; — le fief de la *Cormière*, qui appartenait au sieur Lalande-Mesnildrey, avocat à Coutances ; il devait 6 pigeons à la Pentecôte ; — le fief de *Belval*, qui appartenait à Charles du Quesne, écuyer, sieur de la Cormière ; — le fief ou *Vavassorie du Vaast*, qui appartenait à M. Cotelle d'Outre-soulle. (1)

Pour assentement de coutume, les hommes et tenants du Mesnil-Normand, du Mesnil-Lambert et d'Ouville devaient pour chacun et par chacun an douze deniers.

2° et 3° *Le fief de Marcambie* et *du Bourgage*, qui figure sur la carte de Cassini, releva d'abord du roi; le 10 mars 1456, Michel d'Estouteville, chevalier, seigneur de Marcambie, lui en rendit aveu; il reconnaissait lui devoir par an, à Pâques, 6 s. 3 d. pour aide. — Mais, le 5 juillet 1585, Roland Le Roux, écuyer, fils et héritier de Marie de la Haye, dame de la Haye-Comtesse et de Marcambie, rendit aveu à Louis de Rohan. Il confessait tenir en la baronnie de Say un fief ou ténement jadis nommé la Métairie, à présent le fief ou ténement de Marcambie, contenant 72 acres, entouré des fiefs de la *Griquemer*, de la *Viguerie*, de la *Verdière*, de la *Betouzière* et du *Mesnil-Lambert* (ou *Aubert*), et devoir les soutenants, rentes, faisances, redevances, etc., contenues dans une charte de donation faite le *20 décembre 1100* par Geneviève de Say à *Olivier de Marcambie* (2) pour ses bons services; ces charges étaient 5 chapons à Noël. — Toutefois la question de mouvance ne semblait pas avoir été définitivement réglée. Le 20 mars 1604, Jean Cauvet rendit aveu à la duchesse de Longueville et dame de Marcambie, à cause de ladite châtellenie, du fief ou ténement de la Fauconnerie, reconnaissant qu'il devait garder la foire de Montmartin pour une nuit, garder les *namps*, iceux porter et mener aux vendues, aux dépends de ceux à qui ils sont. — Mais on mit en note que cet aveu était mal rendu et aurait dû être donné aux plaids de Marigny. — Le 14 juin 1625 il y a une déclaration de Louis *Philippe*, écuyer, sieur de Rousseray constatant la vente à lui faite du fief

(1) En 1666, Chamillard trouva nobles, *ayant justifié de leurs quatre degrés,* à N.-D.-de-Cenilly : Etienne, — André — et Antoine du Quesne.

(2) Voir, *Pièce justificative N° V.*

de Marcambie par le seigneur de Longueville le 1er mars précédent. — En 1638 commencèrent de longues procédures entre Henri-Louis Habert, marquis de Marigny, qui prétendait à la mouvance de ce fief à cause de la baronnie de Say, et autres, et Louis Philippe, écuyer, sieur de Marcambie qui prétendait la porter au duc de Longueville. Parmi les pièces figurèrent les aveux de 1456 et de 1585. — Le 14 juillet 1638 il y a une procuration du marquis de Marigny donnée au sieur Leroy pour saisir le fief de Marcambie, faute de foi et hommage et devoirs rendus. — Le 2 août 1638 le sénéchal de Marigny rendit une sentence pour saisir les fiefs de *Mesnil-Aumont, Marcambie, Villiers, Mesnil-Normand*, et *Mesnil-Lambert*. — Le 18 septembre 1638, requête du sieur de Marcambie tendant au rapport de cette sentence. — Le 2 octobre 1638, le sieur de Marcambie obtint des Lettres de chancellerie pour jouir de son fief par main souveraine en consignant les droits seigneuriaux jusqu'à la décision de la contestation pendante entre le duc de Longueville et le sieur Habert. — Le 18 octobre 1638 une sentence rendue en la juridiction de Marigny ordonne que les 15 aînés du fief de Marcambie seront assignés pour déposer chacun leur aveu. La réquisition du procureur dudit marquisat porte qu'il paraît par les aveux que les héritiers du seigneur d'Estouteville tenaient le fief de Marcambie par foi et hommage dudit marquisat à cause de la baronnie de Say à raison de 2 sous, 3 deniers par an, et le fief nommé LES BOURGAGES, assis à Cenilly, à raison de 4 sous pour l'aide au vicomte. — Le 28 octobre 1647, un arrêt du conseil porte le *committitur* du sieur Forioul, maître des requêtes, rapporteur de l'instance d'entre Jean Richier, écuyer, seigneur de Cerisy, d'une part, et Jean-Jacques de Savigny, François Chaudonney, Henri-Louis Habert et le seigneur de Longueville, d'autre part. (1) — Dans le *Journal et*

(1) Lors de la rédaction du registre des fiefs de l'Élection de Coutances, à la fin du XVIIe siècle (1674), René Philippe, *se disant écuyer*, était sieur de Marcambie. Il y avait 2 moulins à blé, et dans une maison un colombier à pied. Le revenu général était de 3,000 livres. — Le 26 mars 1667, il y eut un arrêt de Chamillard condamnant René Phi-

*papier-cueilloir* du marquisat de Marigny, en 1785, on lit :
« *Fief de Marcambye*, messire Jacques de Thieuville, depuis
» Louis-Philippe, écuyer, sieur de Marcambie, à présent........
» doit à cause dudit fief situé en la paroisse de Cenilly, au terme
» St-Michel, 10 sols, doit droit de garde, reliefs, 13es, aides,
» etc. — *Fief du Bourgage ;* les représentants du sieur de
» Chambois, à présent les héritiers de messire Philippe d'Ou-
» tresoulle, doivent à cause dudit fief, situé en la paroisse de
» Cenilly, au terme St-Michel 4 s. ; doivent droit de garde,
» reliefs, treizièmes, etc. »

4° *Le fief du Mesnil-Normand*, qui figure sur la carte de
Cassini, comptait pour un quart de fief de haubert. — Edmond
Le Jardinier en rendit aveu à Jean de Montauban, baron de
Marigny, en 1460 (25 février). — On a également les aveux
d'Adrien et François du Quesne et de Marguerite Le Temerayer
en 1540, 1555 et 1561. — Il fut, comme le précédent, confisqué
en 1638, pour faute d'aveu. — Vers 1674, Raphael Le Painteur, écuyer, sieur du Bois-Jugan, qui eut pour héritier Pierre
Le Painteur, possédait le fief de Mesnil-Normand (sur lequel il
y avait un moulin à blé, un colombier à pied) donnant un
revenu de 1,200 livres. — A la fin du XVIIe siècle, le sénéchal
était Me Jean Letouzé, avocat, demeurant à St-Denis-le-Gast,
et le greffier, Raoul Danloüe, de Cenilly. — D'après le *Journal
et papier-cueilloir* de 1785, les représentants Jean du Quesne,
écuyer, à présent Jean-Louis Le Painteur, chevalier, seigneur
de Champfremont, ( qui comparut par procureur à l'assemblée
des trois ordres du bailliage de Coutances en 1789), devaient à

lippe et Henri Philippe de Cenilly, chacun à 2,000 livres d'amende pour
usurpation de noblesse. « Leur père, dit l'arrêt, originaire de la pa-
» roisse d'Amfréville, Élection de Caen, a été laquais, recors de sergent,
» puis procureur de M. Martel, où il a gagné du bien, ce qui lui a don-
» né lieu de prétendre se greffer dans la famille noble des Philippe,
» lesquels ont déclaré devant Nous qu'ils ne les connaissaient pas de
» leur famille ; aussi n'a-t-on représenté aucun titre valable. » — Depuis
ils ont obtenu un arrêt. — A la fin du XVIIe siècle, le sénéchal était
Me Jean Letouzé, avocat, demeurant à St-Denis-le-Gast, et le greffier,
Isaac Lemoine.

la St-Michel, pour graverie, 3 sols, 6 deniers, droit de garde, reliefs, treizièmes, aides, etc., et six hommes pour faire le guet et garde à la foire de Montmartin, pour une nuit seulement, quand elle tenait.

5° *Le fief de Breuilly*, indiqué sur la carte de Cassini, comptait pour un quart de fief. — Thomas de Breuilly fut anobli en 1427. (1) — Raoul de Breuilly, écuyer, était seigneur du lieu en 1454. — Le 6 janvier 1558, comme le sieur de Breuilly avait commis un homicide, et qu'il avait subi la peine capitale, par arrêt du Parlement le fief de Breuilly fut confisqué et adjugé à Louis de Rohan. — Le 26 août 1568 Mme de Longueville et d'Estouteville fut condamnée à faire foi et hommage au baron de Marigny pour le fief de Breuilly.

En 1674, Maître Charles Lebas, sieur de Breuilly, possédait le fief de Breuilly; il avait une volière établie sur une porte cochère, et un moulin qui valaient 1,500 livres. — Le 31 août 1684, sur le consentement d'Anne de Rohan, le fief de Breuilly fut réuni au fief du Tot, qui appartenait alors à Gilles Dancel, écuyer; en 1707, Charles-François Dancel, écuyer, âgé alors de 38 ans, faisait sa demeure à Breuilly. — En 1789, Jean-Louis Le Painteur de Normesnil prenait les titres de seigneur de Champfrémont, de Breuilly et de N. D. de Cenilly.

6° *Le fief* (ou *la cour d'Ouville*) était saisi en décret à l'époque

(1) En 1327 cependant on trouve un Raoul de Breuilly, chevalier, qui avait fieffé le bois et le costil de Montchaton, pour la moitié, pour une livre 10 sous; et la pêcherie de Montchaton, par moitié, pour 5 livres 10 sous. — On trouve aussi, à la même date, l'acte suivant concernant un autre membre de la même famille:

« *Guillaume de Breuilly* tient du roy nostre sire en la paroisse d'Orval
» une vavassorie à gage-plège, et est du fieu de Vellix que le dit Guil-
» laume tient du roy nostre sire en la vicomté de Carentan par le
» quint d'un fieu de haubert, et doit pour le dit fié deux sols d'aides
» de 3 ans en 3 ans, que l'on appelle l'aide du gruis, et estre un jour
» et une nuit à ayder à garder le chasteau de Litehaire s'il estoit guerre,
» et vaut la dite vavassorie qui est en la vicomté de Coutances au dit
» Guillaume de revenus ce qui en suit, c'est à sçavoir que toutes les
» fois que le dit Guillaume va en la ville d'Orval pour cause qu'il y
» ait affaire, les tenants de la dite vavassorie li doivent fourrage pour
» ses chevaux convenable et suffisant pour les chevaux à un chevalier,
« et estrain pour faire lis pour li et pour ses gens et feu. »

de la rédaction du registre des fiefs de l'Élection de Coutances (fin du XVIIᵉ siècle); il avait alors pour sénéchal Mᵉ Jean Letouzé, avocat, et pour greffier Isaac Lemoine. — En 1674, Charles Lebas, sieur de Breuilly, possédait aussi le fief noble de la cour d'Ouville qui avait un colombier *à pied* au bas de la cour du manoir d'Ouville et un moulin, le tout de la valeur de 1,400 livres. Dans l'inventaire de 1679 on mentionne un aveu, non daté, du fief d'Ouville, rendu par noble homme Jean Lemoussu, sieur de Maupertuis. — Enfin on lit dans le *Journal, papier-cueilloir, etc., de 1785 :* Le fief d'Ouville est tenu par le quart d'un fief de chevalier. Henri de Longaulnay, écuyer, seigneur de Franqueville, à cause de noble dame Charlotte Letellier, sa femme, héritière de Charles Letellier, écuyer, seigneur de la Mancellière, à présent Jean-Jacques Pezeril d'Ouville, doit au marquisat de Marigny, à cause de ce fief, au terme de la St-Michel, 2 sols, 6 deniers, avec droit de garde, reliefs, treizièmes, aides, etc., et 6 hommes pour faire le guet et garde à la foire de Montmartin.

7º *Le fief de Mesnil-Lambert,* indiqué sur la carte de Cassini, était tenu et relevé par un quart de fief de chevalier. Il y avait un moulin à blé et un colombier à pied, le tout d'une valeur de 1,500 livres. Ce fief avait primitivement appartenu à Guillaume de Thieuville, écuyer, et à ses héritiers; en 1666, Chamillard le trouva en la possession de Jean Le Trésor dont la famille avait été anoblie en 1580. — En 1682, il y a des procédures poursuivies par Anne de Rohan contre Jacques Le Trésor, sieur du Mesnil-Lambert — Dans le Registre des fiefs de l'Élection de Coutances, c'est Louis Le Trésor qui est seigneur du Mesnil-Lambert. — Enfin, d'après le *Journal, etc., de 1785*, Jacques Brohon, sieur de Courbeville, acquéreur de Jean-Antoine-Louis Le Trésor, écuyer, seigneur de Fontenay, devait au marquisat de Marigny, à cause du fief de Mesnil-Lambert, 3 sols, 6 deniers, avec le droit de garde, les reliefs, treizièmes, aides, etc., et 9 hommes pour faire *le guet et garde* à la foire de Montmartin. (1)

(1) « La foire d'Agon (8 jours à la Pentecôte), établie par Jean Sans-Terre, comte de Mortain, et roi d'Angleterre en 1201, était célèbre dans

Nᵒˢ 28 ET 29. — LES FIEFS DE St-MARTIN-DE-CENILLY.

Il n'y avait que deux fiefs nobles à St-Martin-de-Cenilly, (1)
et tous deux relevaient du marquisat de Marigny.

1° *Le fief du Mesnil-Aumont*, tenu par un tiers de fief de
haubert, avait son extension sur la paroisse de N. D. de Cenilly.
— Le 23 novembre 1561, madame d'Estouteville contesta la
mouvance de ce fief au baron de Marigny à qui elle fut cependant adjugée, et madame d'Estouteville, ainsi qu'Adrien de
Montaigu, seigneur du Mesnil-Aumont, durent fournir aveu aux
prochains plaids de la baronnie ; ce dernier ne le fit cependant
que le 7 juin 1565. (2) — En 1674, François Gervaise, écuyer,
sieur du Mesnil-Aumont, possédait les deux fiefs nobles du
Mesnil-Aumont et de Villiers, avec leurs circonstances, dépendances et dignités. (A la fin du XVIIᵉ siècle, le sénéchal de ces
deux fiefs était Mᵉ Jean Letouzé, avocat, et le greffier, Mᵉ André
Mariette, de Granville). — En 1680 et en 1682, Pierre Gervaise,
écuyer (descendant d'un bâtard de Thomas de Breuilly, anobli
en 1427), sieur du *Mesnil-Aumont* et de *Villiers,* fut également
condamné à rendre aveu de ces deux fiefs au marquisat de
Marigny. — Charlotte Gervaise (probablement sa fille) épousa
Charles-François Duprey, lieutenant des maréchaux de France,
et lui apporta en dot le fief du Mesnil-Aumont. Leur fils, Charles-

toute l'Europe. Elle fut depuis transférée à Montmartin-sur-Mer, comme
plus à portée de la rivière de Sienne, et du port de Regnéville ; les
vaisseaux des royaumes d'Espagne, de Portugal, d'Angleterre, d'Ir-
lande, de Flandre et de Hollande y venaient à grandes flottes. Ceux
des villes hanséatiques s'y rendaient aussi. Cette foire était compa-
rable à celle de Baucaire ; mais ayant été pillée plusieurs fois par les
Anglais, et surtout en 1451, pour prévenir de nouveaux pillages et
pour rassurer les étrangers qui n'osaient plus s'y rendre, on l'éloigna
de la côte, et elle fut fixée à Guibray, où elle est encore très-renom-
mée. »

R. *Seguin*, Essai sur l'Histoire de l'industrie du Bocage, in-18, Vire,
1810, *p.* 145, 146.

(1) Généralité de Caen, Élection de Coutances, sergenterie Maufras.
(108 feux en 1709.)

(2) Voir une liasse de 30 pièces d'écriture contenant la teneur, terre
et seigneurie du Mesnil-Aumont, donnée au bailliage de Coutances et
aux plaids de Hauteville en 1565.

Antoine Duprey de Pierreville, devint seigneur de Saint-Martin-de-Cenilly, Vanloue et Mesnil-Aumont. (Cependant en 1707, d'après le registre des chevauchées du sieur de Longbois, le seigneur du Mesnil-Aumont était Jacques Gervaise, écuyer).— On lit dans le *Journal, etc.*, *de 1785 :* « François de Montaigu, à présent Léonor Gervaise, écuyer, seigneur du Mesnil-Aumont et de Villiers, doit, à cause de ce fief, au terme de la Saint-Michel, 13 sous, 4 deniers, plus 13 *mansets;* doit en outre les droits de garde, reliefs, treizièmes, aides, etc., et des hommes pour faire le guet et garde à la foire de Montmartin. — Enfin, le 19 octobre 1788, le receveur du marquisat de Marigny dé-clare avoir reçu de M. Duprey, par les mains de M. Duboscq, de Cenilly, 18 sous, 3 deniers, valeur de 13 *mansets,* et 13 sous, 4 deniers à valoir aux rentes du fief du Mesnil-Aumont, plus 4 sous à valoir aux rentes de Villiers, tous droits réservés.

2° *Le fief de Villiers,* tenu et relevé par un quart de fief de haubert, avait son extension sur N.-D.-de-Cenilly, et devait au marquisat de Marigny 4 sous à la St-Michel, avec droit de garde, reliefs, treizièmes, etc. Il avait primitivement appartenu à la famille noble Lecocq, et passa à la famille de Milly. — Le 1er décembre 1532, Jean de Milly, seigneur d'Annoville, muni de la procuration de Richard de Milly, son père, sieur de Go-berville, vendit à Richard de Pollevey, sieur de Tracy, la terre et seigneurie de Villiers, avec manoir, etc., moyennant 1,500 livres, à charge de payer les rentes et charges anciennes, *mais sans dire de quelle seigneurie elle relevait.* Comme les aveux ne furent pas rendus en temps, ce fief, celui du Mesnil-Normand et autres furent saisis. — Le 17 février 1546, Louis de Rohan, baron de Marigny, donna à Pierre *de Thère,* écuyer, sieur de la Mauphe, le droit de *treizièmes* sur le prix de cette vente. — Le 18 novembre 1560 et le 19 mars 1571, Jacques Davy, écuyer, rendit aveu du fief de Villiers à Louis de Rohan. — En 1666 Chamillard trouva nobles à N.-D.-de-Cenilly et ayant justifié de leurs quatre degrés : Charles, — Jean, — Jacques, — et Guillaume Davy. (1) — En 1674, comme il a été dit plus haut, ce fief revint à la famille Gervaise.

## N° 30. — FIEF DE LA HOGUE.

Le fief de la *Hogue* qui se relevait par un plein fief de haubert, était un des dix fiefs de la paroisse de Roncey (2) au XVIIᵉ siècle, et avait son extension à Quettreville. Il dépendait de la baronnie de Remilly dès le commencement du XIVᵉ siècle. (3) — Le 9 janvier 1548, Ursin Goeslard, écuyer, sieur de la Hogue, rendit aveu à Louis V de Rohan; — le 27 janvier 1583, Hélie Goeslard rendit aveu à Louis VI de Rohan; — le 30 janvier 1675, il y eut une sentence prononcée contre Guillaume Hardouin, écuyer, sieur de Beaumont, pour le paiement des rentes dues par lui à cause de son fief de la Hogue; — une nouvelle sentence fut encore portée contre lui le 13 septembre 1684 pour paiement de trois ans d'arrérages, avec dépens, se montant à 8 livres, selon la taxe. — Dans le *Journal*, etc., de 1785, on lit : « Jacques Hardouin, écuyer, seigʳ de Beaumont, à cause de
» dᵖˡˡᵉ Louise Goeslard, sa mère, à présent Mʳᵉ Jacques Bro-
» hon, sieur de Courbeville, héritier de Pierre Hardouin, doit
» à cause dudit fief, au terme de la St-Michel 16 livres; à la
» mi-Carême, pour graverie 16 sols : doit droit de reliefs, trei-
» zièmes, aides, etc. »

## N° 31. — FIEF DE GUÉHÉBERT.

La paroisse de Guéhébert (4) avait dans le XVIIᵉ siècle deux

(1) La famille Davy porte d'azur au chevron d'or, accompagné de trois harpes d'or, 2 en chef et une en pointe.

(2) Généralité de Caen, Élection de St-Lo, sergenterie de Moyon (204 feux en 1709). Il y avait un moulin qui, en 1674, valait 100 écus de rente. Le sénéchal était Mᵉ Jean Letouzé, et le greffier, Michel Lenoir.

(3) Les autres fiefs de Roncey étaient : Le fief de la *Grande Seigneurie de Roncey*, qui appartenait au sieur de Romainville; — le fief de *Bouhon* et le *Petit Guéhébert*, qui appartenaient au sieur de Guéhébert; — les fiefs de la *Lande* et de *Maupertuis*, qui appartenaient au sieur de St-Martin-de-Beaugendre; — le fief de *Haineville*, qui appartenait à Joachim Boudier; — le fief des *Champs-de-la-Frague*; — le fief de *Mortain* en cette paroisse et en celle de N.-D.-de-Cenilly, relevant du prieuré de N.-D-de-Mortain; — enfin une extension du fief de *Saussay*, qui appartenait à Adrien Belin, écuyer, sieur de Tourneville.

(4) Généralité de Caen, Élection de Coutances, sergenterie Guillot de Pierres. (128 feux en 1709.)

fiefs nobles. La première portion seule, qui consistait en rentes de froment, argent et terre, relevait de l'ancienne baronnie de Say à Quettreville, et par suite, du marquisat de Marigny ; la deuxième portion, consistant en rentes seigneuriales, terres et un moulin à blé, appartenait alors à Philippe Cauvet, écuyer, sieur et patron de Guéhébert, dont le petit-fils épousa Françoise de Briroy. (1)

On trouve, au XIIe siècle, Gervaise de Say confirmant une charte de donation faite par Richard de Guéhébert en faveur du prieuré de la Roelle, situé dans cette paroisse. En 1259, Nicolas de Guéhébert accordait une nouvelle charte au même prieuré. — Dans le cours du XIIIe siècle, Guillaume de Thieuville, père de Guillaume II, évêque de Coutances, était seigneur de Guéhébert. — Ce fief resta longtemps dans sa famille ; (2) le 23 novembre 1540, il y a un arrêt contre noble homme de Guéhébert, portant confiscation de ses biens au roi, et mainlevée est accordée à Louis de Rohan, des seigneuries et terres de Guéhébert et du Mesnil-Lambert, appartenant audit de Thieuville, et mouvantes de la baronnie de Marigny. — Le 2 mai 1556, Jean de Thieuville rendit aveu à Louis de Rohan pour le demi-fief de Guéhébert. — En 1582, il y a un mandement d'Arthur Michel, écuyer, sieur de Bellouze, sénéchal de la baronnie de Marigny, pour bannir les héritages de Jean de Thieuville, écuyer, sieur de Guéhébert et du Mesnil-Lambert, ses enfants étant en garde-noble. — Vers 1675, ce fief appartenait

---

(1) Le sieur Bosché, médecin, le sieur Jonathas Boudier et le sieur Jacques Guyard de Lafontaine, possédaient chacun une fuie à pigeons. Elles faisaient partie de différents corps de logis.

(2) On trouve dans le Registre des dons et confiscations, etc., faits par Henri V, roi d'Angleterre, de 1418 à 1420 : « Le 12 septembre » 1418, respit jusques à la Toussaint fut accordé à messire Henri de » Guéhébert, chevalier, de ses fiefs et héritages à lui rendus ; hommage fait l'an 6e du règne ; — autres délais, dont le dernier est du » 4 septembre 1423, pour six mois. » — « Le 10 avril 1419, respit » d'un mois fut accordé à demoiselle Isabelle de Bruilly, veuve de feu » Guillaume de Guéhébert, escuyer, de ses héritages ; mandé aux bailly » de Constantin, vicomtes de Carentan, Coutances et Cherbourg, laisser jouir. — Hommage rendu le 14 avril 1419. »

à Jacques d'Harcourt, baron d'Ollonde. (1) — On lit dans le
*Journal*, etc., de 1785 : « Fief de Guéhébert, tenu et relevé par
» demi-fief de chevalier : messire Pierre de Harcourt, écuyer,
» seigneur et patron d'Ollonde, à cause de noble dame Marie
» de Briroy, sa femme (fille de Nicolas de Briroy, seigneur de
» Fierville et de Diane de Thieuville, dame de Guéhébert);
» René de Haiqueriot (?), écuyer, sieur de Thieuville, à cause de
» Marguerite de Briroy, sa femme, toutes filles et héritières de
» dame Geneviève de Thieuville, à cause dudit fief, doivent
» solidairement et par indivis, au terme de la St-Michel, 10
» sols, droit de garde, reliefs, treizièmes, etc., doivent 16 hom-
» mes à faire le guet et garde à la foire de Montmartin. »

### Nos 32 et 33. — Baronnie de la Haye-Comtesse et Fief de Hambye.

Il y avait au XVIIe siècle trois fiefs nobles à la Haye-Comtesse : (2) le fief et terre de la *Haye-Comtesse*, qui appartenait
à Jean Le Roux, d'ancienne noblesse, seigneur et patron du
lieu ; (3) la baronnie *de Say à la Haye-Comtesse* et le fief *de
Hambye*. Le premier ne rentre pas dans le cadre de cette *Etude*.

1° La *Baronnie de la Haye-Comtesse* était un membre de
l'ancienne baronnie de Say. (4) — Le 8 juillet 1541, François de
la Haye, sieur du lieu, en rendit aveu à Louis de Rohan, baron
de Marigny ; il reconnaissait avoir manoir, colombier, étang,
garenne, moulin, landes, droit de pêche dans la Sienne, et le
patronage de l'église. Il devait 16 hommes pour garder la foire
de Montmartin *quand elle se tient, et qu'il leur est fait scavoir
par le provost de mon dit seigneur en sa terre de Cenilly.* —

(1) En 1666, (Recherches de Chamillard) Nicolas et Marc-Antoine
Cauvet furent trouvés nobles et vivant noblement à Guéhébert. Leur
famille avait été anoblie en 1578.

(2) Généralité de Caen, élection de Coutances, sergenterie Guillot de
Pierres. (49 feux en 1709.)

(3) Il y avait moulin à blé et colombier ; — à la fin du XVIIe siècle,
le sénéchal était Me Jean Duprey, de Feugères : et le greffier, Jean de
Pirou.

(4) Dans le XIIIe siècle, Jourdan de la Haye-Comtesse, avec les héritiers de Luce de Guéhébert, avait le patronage de l'église.

Le 15 octobre 1553, il y a un aveu du fief de la Haye-Comtesse par noble homme Enguerrand de la Haye. — Le 14 juin 1562, il y a une procuration donnée par noble homme Saturnin Bataille et Robert Le Béhot, faisant pour eux et les demoiselles leurs femmes, héritières en partie de noble homme Enguerrand de la Haye, sieur du lieu ; le 15 juin, ils rendirent aveu à Louis de Rohan, avec Marie de la Haye, dont on trouve un autre aveu le 24 juillet suivant avec le titre de *seule héritière* d'Enguerrand de la Haye. — Cette Marie de la Haye épousa un Le Roux, et le le 19 juin 1572, Robert Le Roux, son fils et héritier, rendit aveu au marquis de Marigny. — Il y eut une instance intentée en 1636, et appointée aux requêtes de l'Hôtel le 22 mars 1639 entre Pierre de Pelvé, seigneur et baron de Tracy, aux droits de Henri Le Roux, écuyer, sieur de la Haye-Comtesse, et Jean Habert, par laquelle le sieur de la Haye-Comtesse, acquéreur le 27 juillet 1628 pour 500 livres du fief noble de la *Sahière* et de la *Rouxelinière* assis en la paroisse de la Haye-Comtesse, et dépendant du maquisat de Marigny, s'était opposé aux plaids que voulaient tenir le 3 mai 1636 les officiers du marquis à la Haye-Comtesse. Jean Habert soutenait que M. de Rohan n'avait pu ni vendre ni distraire ce fief de son marquisat sans la permission du roi. — On ne sait quel fut le résultat de cette procédure ; quoi qu'il en soit, dans le *Journal* de 1785, on lit : « BARONNIE DE LA HAYE-COMTESSE.— Fief *de la Rouxelinière*, » à présent M. de Chantor, acquéreur de M. le comte de Bérigny, lui et ses puinés doivent solidairement au terme de la » St-Michel, 70 sols ; à Noël, 3 chapons et 3 pains.— Fief *de* « *la Sahière*, à présent Joseph Bourdon, fils Jacques, aîné dudit fief, doit au terme St-Michel 4 boisseaux de froment, et 14 » sols ; à Noël, 2 chapons et 3 gelines ; à Pâques, 30 œufs. » Quant au fief de la Haye-Comtesse, il était tenu et relevé par un demi-fief de haubert : « François de la Haye, écuyer, héritier » de Guillaume de la Haye, depuis noble dame Rachel d'A- » mour, veuve de Robert Le Roux, écuyer, tutrice et gardienne » de leurs enfants ; à présent messire Charles-François Le Roux,

» chevalier, seigneur et patron de Bérigny, doit à cause dudit
» fief, au terme de la St-Michel, 4 sols, pour le 1/4 de son
» moulin, 40 sols,... droit de garde, reliefs, treizièmes, aides,
» etc., 16 hommes à faire guet et garde à la foire de Mont-
» martin, etc. »

2° Le *Fief de Hambie* à la Haye-Comtesse avait été aumôné à
l'abbaye de Hambye dès avant 1327; l'abbé et les religieux le
tenaient franchement et noblement à simple gage-plège, cour et
usage, et ils devaient par an 4 sous tournois de rente, du nombre
de l'aide dû au roi, qui se cueillent par les mains du prévôt de
Marigny; ils devaient également les reliefs, treizièmes, aides, etc.
A la fin du XVIIᵉ siècle, le sénéchal était Mᵉ Pierre Hurel, avocat : et le greffier, Jean Lefèvre, sergent.

N° 34. — LE FIEF DE GUELLE.

Au XIIIᵉ siècle, le fief *de Guelle* était tenu, par un quart de
fief de chevalier, de la baronnie de Say. Au XVIIᵉ siècle c'était
l'un des 14 fiefs nobles de la paroisse de Cérences (1) qui, à
partir du XIᵉ siècle, fit partie du domaine ducal de Normandie.

Dès le XIIIᵉ siècle, et au XIVᵉ, d'après le *Livre noir* et le
*Livre blanc* de Coutances, il y avait à Cérences une *chapelle de
Guelle,* fondée par l'archidiacre Paynel, à laquelle ses propres
revenus suffisaient. — En 1327, Alix de Courcy, veuve d'Olivier
Paynel, tenait le fief de Guelle de Guillaume de Montfort. — Plus
tard nous trouvons ce fief relevant du marquisat de Marigny;
le 20 juillet 1611, Marguerite d'Orléans le vendit à noble

---

(1) Généralité de Caen, Élection de Coutances, sergenterie Guillot de
Pierres (317 feux en 1709). Les 14 fiefs de Cérences étaient: Nᵒˢ 1, 2, 3,
fiefs dépendant du domaine du roi, ès vicomtés de Coutances, Gavray
et Cérences. — Nᵒˢ 4, 5, 6, les fiefs *Letourneur, Pirou* et *Levallois,* dépendant de la baronnie de Bréhal, et appartenant au duc de Longueville. — Nᵒˢ 7, 8, 9, les fiefs de la *grande Sieurie,* des *grandes Hiettes*
et de *Maupertuis,* appartenant à Louis de Montgommery, écuyer, sieur
de Chanteloup. — N° 10, le *fief de Guelle.* — Nᵒˢ 11 et 12, les fiefs de
*Mesnilvaudon* et de *la Molière.* — N° 13, le fief des *petites Hiettes,* qui
appartenait à Robert Tanquerey. — N° 14, le second *fief de Guelle,* qui
appartenait au comté de Vézeley.

homme Jean de Ste-Marie, pour 30,300 livres, et le 14 avril 1616 il y eut une sentence portant réunion du fief de Guelle au marquisat de Marigny, faute d'aveu, foi et hommage. — En 1674, l'un des deux fiefs de Guelle (1) appartenait à Henri-Robert Lecourt, écuyer, sieur de Ste-Marie, qui possédait également les trois moulins de Guelle; l'autre, au comte de Vézelay.— D'après le *Journal*, etc., de 1785, Messire Guyon d'Estouteville et le seigneur de Chambois, depuis le sieur Lecourt de Ste-Marie, écuyer, devaient, à cause du fief de Guelle, au terme de la St-Michel, 2 sols, un denier, reliefs, treizièmes, aides, etc., et étaient sujets à la garde noble. — En 1789, Hervé Lecourt, sieur de Ste-Marie, seigneur du fief de Guelle, comparut à l'assemblée des trois ordres du bailliage de Cotentin.

### N° 35. — Franche Vavassorie de Ste-Marguerite.

La franche vavassorie de Ste-Marguerite était assise en la vicomté de Gavray, en ladite paroisse de Ste-Marguerite et dans les paroisses voisines.

Au XVIIe siècle, il y avait en outre dans la paroisse de Ste-Marguerite deux fiefs nobles, celui de *Ste-Marguerite* et celui de *Beaumanoir*, qui appartenaient au comte d'Auxais, et avaient anciennement dépendu de la vicomté de Mortain. Ils valaient 300 livres en 1674.

Cette vavassorie était passée en 1785 de la famille de Beaumanoir à messire André Louvet, chevalier, seigneur de Montmartin-de-Bourrey ( dont la famille a possédé de Montmartin-sur-Mer de 1533 à 1636 ), qui la tenait du marquisat de Marigny par hommage, à gage-plège, cour et usage et lui devait 10 sols à la St-Michel.

### N° 36. — Le Fief du Tot.

Le fief du Tot, relevé en plein fief de chevalier (le village et le moulin sont encore indiqués sur la carte de Cassini), avait son

---

(1) Il valait 200 livres, et avait un colombier et deux moulins qui valaient ensemble 600 livres.

chef assis à Annoville, (1) et s'étendait sur les paroisses de Tourneville, Montmartin, Hauteville-la-Guichard, Lingreville-sur-Mer, Sainte-Marguerite et Muneville-sur-Mer, et se décomposait en deux parties : le *grand* et le *petit Tot*. — En 1327, d'après son aveu, « Guillaume d'Isigny, escuier, tient un fié » de haubert, appelé le *Fié du Thot*, ès paroisses d'Anno- » ville, Tourneville, Quettreville et Bricqueville-sur-Mer, en » parage de Ricart, en l'hommage de M. de Courcy, ch<sup>er</sup>, sire » de Remilly, duquel fié de haubert M. Ricart Malherbe tient » la 6<sup>e</sup> partie, et Guillaume Murdrac, escuier, en tient la 8<sup>e</sup> » partie et en doit ledit Guillaume audit M<sup>re</sup> Ricart pour toutes » choses 6 livres à la St-Michel, et 5 sols à la my-caresme pour » esclusage et vaut ledit fié 100 livres de revenu communs ans. » —En 1550, le 1<sup>er</sup> avril, Olivier des Moustiers, seig<sup>r</sup> du Rozel, rendit aveu du fief du Tot à Louis de Rohan, baron de Marigny. — Nous avons encore les aveux de Guy des Moustiers, écuyer, le 20 juin 1565; de Guillaume des Moustiers, écuyer, le 29 novembre 1566, et d'Arthur des Moustiers, écuyer, le 8 novembre 1572. — Il y a encore quatre autres aveux de ses enfants au même Louis de Rohan.—En 1674, les fiefs du grand et du petit Tot étaient possédés par Gilles Dancel, écuyer, sieur de St-Jean, et valaient 700 livres, plus un moulin à vent d'une valeur de 100 livres, et un colombier. — En 1709, ils appartenaient aux enfants mineurs de feu François Dancel, au droit de Magdelaine Michel, sa femme, qui en jouissait en douaire. — Le 31 août 1681, il y a un acte par lequel Anne de Rohan consent à ce que Pancrace de Lamotte, sieur de Pontroger, écuyer, faisant pour Gilles Dancel, écuyer, sieur de St-Jean, réunisse le fief du Tot au fief de Breuilly. (La famille Dancel avait été anoblie dans le cours du XVI<sup>e</sup> siècle). (2)— Dans le *Journal*, etc., de 1785, on

(1) Généralité de Caen, Élection de Coutances, sergenterie de la Halle. ( 102 feux en 170. — La taille était de 1,278 livres à la même date.)

(2) Il y avait encore trois autres fiefs à Annoville-Tourneville, savoir: le fief d'*Annoville* qui relevait du Mesnil-Aubert, et les fiefs de *Villiers* et d'*Aulonde* relevant du roi. Ces trois fiefs appartenaient en 1709 aux représentants, enfants et héritiers d'Alexandre Michel, écuyer, seigneur

lit : « Etienne Boudier, écuyer, sieur de la Cremière, et le sieur
» de Thieuville, à présent les fils et héritiers de messire Fran-
» çois-Thomas Dancel, écuyer, seigneur du Tot, doivent à cause
» dudit fief, au terme de la St-Michel, 6 livres ; à la mi-carême
» 5 sols, droit de garde, reliefs, treizièmes, aides, etc.; doivent
» droit de garde à la foire de Montmartin, en payant une demi-
» coutume.»—Le receveur du marquisat de Marigny a écrit au-
dessous : « 15 janvier 1787, reçu de madame d'Annoville 6 livres,
» 5 sous à valoir aux rentes du présent, sous la réserve de tous
» autres dus et droits. » —Le dernier seigneur du Tot fut Pierre-
Charles-Léonor Michel, seigneur d'Annoville, etc.—En 1860, M.
Jean-Charles Dancel du Tot fit faire la conduite d'eau qui amène
l'eau de Cambernon jusque devant la cathédrale de Coutances.

### Nᵒˢ 37 A 41.— FIEFS DE QUETTREVILLE.

La paroisse de Quettreville (1) contenait 10 fiefs nobles au
XVIIᵉ siècle. Les six premiers ne relevaient pas de Marigny ;
c'étaient : *Le fief de Quettreville* qui appartenait à Bon-Thomas
Davy, écuyer (1709), seigneur et patron du lieu, et relevait de
la terre et seigneurie de Gouville ; (2) — *le fief ou verge de
Ste-Marguerite*, qui appartenait au comte de Montgommery ;
— *le fief de la Hogue*, qui s'étendait aussi à Roncey, et appartenait (1709) à Guillaume Hardouin, écuyer, sieur de Beaumont ;
— *le fief de l'Abbaye-Blanche*, ou de Beaumont, qui appartenait
aux religieux de ladite abbaye ; — *les fiefs des Loges et de la
Réauté*, qui relevaient du fief de la Hogue, et appartenaient
(1709) aux enfants mineurs d'André Lecointe, écuyer, sieur des
Loges. (3) Les quatre suivants relevaient de Marigny, c'étaient :

et patron du lieu. — Vers la fin du XVIIᵉ siècle, Mᵉ François Macé,
avocat à Coutances, était sénéchal des fiefs d'Annoville, et Martin Macé
en était greffier.

(1) Généralité de Caen, Élection de Coutances, sergenterie Maufras.
(Il y avait 275 feux en 1709, et les tailles étaient de 8,555 livres.)

(2) Chamillard (1666) trouva à Quettreville *nobles ayant justifié de
leurs quatre degrés* : Bon-Thomas Davy, Pierre-Hubert Davy et Hié-
ronime Davy.

(3) En 1666, René Lecointe, demeurant à Quettreville, justifia de
quatre degrés de noblesse.

*la baronnie de Say-Montauban ; — le fief de Say ; — le fief de la Persilière ; — le fief du Mesnil-Aubert.* Il faut y ajouter la vavassorie noble de Grosparmy.

1° *Baronnie de Say-Montauban à Quettreville.* C'est à Say-Montauban qu'il faut chercher l'origine de la grande extension qu'eut dans la suite des temps le marquisat de Marigny. Cette baronnie s'étendait d'abord sur plusieurs paroisses, Cérences, Cenilly, Guéhébert, la Haye-Comtesse, Hauteville-la-Guichard, le Lorey, Marigny, etc., et elle finit par n'être plus qu'un membre du marquisat de Marigny.

La famille de Say remonte au XI<sup>e</sup> siècle; un de ses membres, le sire *de Say*, était à la conquête de l'Angleterre. Parmi les guerriers Normands célèbres du XI<sup>e</sup> siècle, Dumoulin cite *Guillaume de Say, Engelran de Say* et *Galfroy de Say.*

On a vu plus haut que l'alliance de Richard du Hommet avec Agnès de Say, fille de Jourdain de Say (fin du XII<sup>e</sup> siècle) avait amené la réunion des baronnies de Say (1) et de Remilly. — Le 10 juin 1388, Olivier de Montauban, baron de Marigny, rendit aveu de la baronnie de Say à la Cour des comptes. — Le 21 juillet 1393, Robert de St-Denis rendit aveu au roi, pour la seigneurie de Say en partie, dont le chef était à Quettreville, et qui s'étendait aux paroisses de Cérences, Cenilly, Guéhebert, la Haye-Comtesse, Hauteville-la-Guichard, Marigny, le Lorey, le Mesnil-Vigot et autres lieux. — De 1421 à 1657, c'est-à-dire pendant plus de 200 ans, il y eut des difficultés pour le patronage et la présentation à la cure de la grande portion de Quettreville. (La petite portion appartenait à l'abbé de St-Lo et lui avait été cédée en 1320 par Richard Malherbe, chevalier, seigneur du Dézert.) Aux assises de Coutances du 2 avril 1421, Richard de Seafort, chevalier, baron de Say, pendant l'occupation anglaise, prétendait à cette présentation qui fut adjugée à Jean de Gouville, seigneur de Quettreville, comme attachée d'ancien-

---

(1) Dans la partie de la paroisse de Quettreville, nommée Say, il devait y avoir au XII<sup>e</sup> et au XIII<sup>e</sup> siècle une chapelle de *Say* qui appartenait à l'abbaye de Savigny.

neté au fief dit *de la Mazure*. Ce droit avait, dit-on, appartenu primitivement à Geoffroy de Montfort, époux de Gervaise Say, et avait été transmis héréditairement à Jean de Grimouville, bisaïeul de Jean de Gouville. — Ce procès recommença en 1454 entre Jean d'Anneville, représentant par les femmes le droit de Jean de Gouville, et Jean de Montauban, baron de Marigny. Il durait encore en 1497, bien que Geoffroy Herbert, évêque de Coutances, eût jugé le 23 février 1486 en faveur d'Ursin d'Anneville, contre Louis II de Rohan, baron de Marigny et de Say. Mais le 22 septembre 1506 ce dernier transigea avec Jean d'Anneville, seigneur de la Balayne, Quettreville et Lingreville, et lui céda le droit de patronage de l'*église Ste-Agathe* de Quettreville, moyennant 70 sous tournois de rente. — Cela n'empêcha pas, en 1585, Louis VI de Rohan de recommencer la lutte contre Adrien d'Anneville : il fut condamné ; mais en 1616, Bernard Davy, seigneur et patron de Quettreville, ayant prétendu avoir son droit de sépulture dans le chœur, près du maître-autel où reposaient ses aïeux, le bailly de Cotentin le lui défendit. Appel fut porté au Parlement de Normandie ; Alexandre de Rohan intervint et soutint qu'à cause de sa baronnie de Say il était patron de la grande portion de la cure de Quettreville.— La cour confirma l'arrêt du bailli de Cotentin. Mais les seigneurs de Quettreville ne se tinrent pas pour battus, et le Parlement se déjugeant lui-même, rendit le 4 juillet 1657 un arrêt pour contraindre Henri-Louis Habert, sieur de la Brosse, marquis de Marigny, à ne pas inquiéter Charles Davy, chevalier, seigneur de Quettreville, dans son droit de patronage.

Cet interminable procès n'est pas le seul dans lequel les marquis de Marigny se trouvèrent engagés à propos de leur baronnie de Say. En 1573 il y eut de longues procédures en la juridiction de Marigny et au Parlement de Rouen entre Louis de Rohan et Bernard Henry, écuyer, sieur de Say, à cause de la qualité de *baron* que le sieur Henry voulait s'attribuer, en prétendant ne pas relever du marquisat de Marigny. Dans les pièces figurait une sentence rendue à Coutances le 22 novembre

1553 qui adjugeait le treizième de la vente de la seigneurie de Say à deux fermiers de la baronnie de Marigny, au préjudice du roi.— Toutefois, le 30 mars 1576, une sentence, rendue aux requêtes du palais à Rouen, maintint Louis de Rohan en possession de la baronnie de Say, fit défense à Bernard Henry de prendre la qualité de *baron*, le condamna à une amende envers le roi et aux dépens envers Louis de Rohan.

Enfin, en 1664, la duchesse de Montpensier, comtesse de Mortain, prétendit que la baronnie de Say relevait du comté de Mortain, et qu'à ce titre le droit de treizième lui était dû ; mais un arrêt du Parlement du 27 août donna raison à la princesse de Guémené, marquise de Marigny. En 1674, ce fief valait 120 livres. — A la fin du XVII<sup>e</sup> siècle, M<sup>e</sup> Jean Duprey en était sénéchal, et M<sup>e</sup> Jean de Pirou, greffier.

Parmi les arrière-fiefs de la baronnie de Say, on peut citer les fiefs au *Moigne*, au *Blair*, au *Cointe-Lihard*, au *Cointe-Banse*, au *Doyen*, etc.

2° *Le fief de Say*, relevé par un 6<sup>e</sup> de fief de haubert, après avoir appartenu à une époque indéterminée à François de Couvray, écuyer, passa à Bernard Henry que l'on vient de voir en 1575. — Louis Henry, écuyer, sieur d'Anfernay, s'intitulant *baron* de Say, vendit le 20 avril 1654, à Louis Berrier, chevalier, et à André de Launay, écuyer, sieur de la Normanderie, la seigneurie de Say, dont le chef était à Quettreville, avec le fief de Bricqueville pour 50,000 livres et 1000 livres de pension viagère, ladite seigneurie dépendant du marquisat de Marigny. Le 17 septembre 1665, à l'issue du procès qui lui avait été intenté l'année précédente par la duchesse de Montpensier, Anne de Rohan, princesse de Guémené, donna quittance à Louis Berrier, ch<sup>r</sup>, seig<sup>r</sup> de la Motte, pour le 13<sup>e</sup> de la seigneurie de Say, montant à 4,856 livres, 13 sous. (1) — D'après le *Journal*

_____

(1) En 1674, ce fief avec deux moulins à blé dans le même logis, sur la *grande rivière*, appartenait à Nicolas de Grimoult, sieur de la Motte, et valait 800 livres. — A la fin du XVII<sup>e</sup> siècle, le sénéchal était M<sup>e</sup> André Boudier, et le greffier, Jean de l'Ecluse, sergent de Cenilly.

de 1785, le fief de Say passa à Nicolas et ensuite à Louis de Grimoult, son fils, écuyer, sieur du Guesnay, puis à Michel le Quéru, écuyer, sieur de Corsin, à cause de dame Adrienne de Grimoult, fille et héritière de Louis de Grimoult. Il devait au marquisat de Marigny, à la St-Michel, 2 sous, 4 deniers, dix hommes pour faire le guet et garde à la foire de Montmartin, droit de garde noble, reliefs, treizièmes, aides, etc. — En 1789, Charles-Antoine Le Forestier de Mobecq comparut à l'assemblée des trois ordres du bailliage de Cotentin, avec le titre de seigr de Muneville-sur-Mer, *de Say*, des Loges et de Quettreville.

3° *Le fief de la Persilière* avait appartenu au XVIIe siècle à Nicolas de Garaby. Il valait alors 30 livres (1674). A la fin du XVII siècle, Me François Macé, avocat, en était le sénéchal et Me Jean de l'Ecluse, sergent de Cenilly, greffier ; il devint ensuite la propriété de la famille Le Poupinel de la Besnardière. Il était sujet à reliefs, treizièmes, aides, etc., et droit de garde.

4° *Le fief de Mesnil-Aubert*, assis à Quettreville (1) devait au marquisat de Marigny reliefs, treizièmes, aides, sous-aides, etc., droit de garde noble, etc. Depuis le XVIIe siècle, il a appartenu successivement à René Lecointe, écuyer, sieur des Loges, Anne-Robert Lecointe, écuyer, sieur du Mesnil, Louis-François-René Lecointe, écuyer, son fils, sieur du Lorey, et messire Desfrênes de Mobecq, son gendre.

5e La *vavassorie du Grosparmy*, sise à Quettreville, appartenait en dernier lieu à la famille Lecointe, ainsi que la *vavassorie de la Colomberie ;* la première devait à la Saint-Michel 8 sols, 4 deniers, plus 2 sols de plein relief, droit de garde, reliefs, treizièmes, aides, sous-aides, etc., et un homme à faire le guet et garde à la foire de Montmartin ; — la seconde devait 10 sols de plein relief à la St-Michel, au terme de la Saint-Martin 8 sols, 4 deniers, avec droit de garde, reliefs, treizièmes, etc.—

_____

(1) Avec le fief des Loges et de la Réauté, il valait 400 livres.— Il y avait un colombier (1674).— A la fin du XVIIe siècle les sénéchaux étaient Me Guillaume Le Grand, procureur à Coutances, et Me François Macé, avocat,— le greffier était Guillaume Le Chevalier, sergent dudit lieu.

On trouve une sentence du sénéchal de Marigny ( 30 janvier 1675 ) rendue contre René Lecointe, écuyer, sieur des Loges, pour avoir le paiement des rentes dues pour ladite vavassorie. — En 1682, Pierre des Landes, sénéchal de Marigny, rendit contre le même René Lecointe une sentence pour le forcer à donner aveu de la franche vavassorie de Grosparmy, de la Colomberie et du fief de Mesnil-Aubert. Cependant Anne-Robert Lecointe, sieur du Mesnil-Aubert, se présenta pour et au nom de son père, et déclara ne rien posséder dans ces deux vavassories. — La vavassorie de Grosparmy (ainsi que le sixième de fief de Hienville) appartenait en 1327 à Simon d'Erengarville, qui la tenait de Raoul de Grosparmy, écuyer (*Etat des fiefs de la vicomté de Coutances*), qui lui-même tenait *du roi*, entre autres fiefs, un demi-fief de haubert assis ès paroisses de Saint-Denis-le-Vêtu, Fleury et la Bloutière, en la sergenterie de la Halle. La famille Grosparmy est mentionnée très-souvent dans le *Registre des dons, confiscations, maintenues et autres actes, faits dans le duché de Normandie pendant les années 1418 à 1420,* publié par M. *Charles Vautier* en 1828. C'est probablement la même que celle à laquelle appartenaient le cardinal Raoul de Grosparmy et Raoul de Grosparmy, évêque d'Orléans, nés tous les deux à Périers, et morts l'un en 1270, l'autre en 1311. (1)

# VIII.

## N° 42. — LA FRANCHE VAVASSORIE DU LOREUR.

La franche vavassorie du Loreur était située dans la paroisse du Loreur, vicomté d'Avranches. Dans un aveu de 1327, on lit : « Fouques de Beauchamps, escuier, tient en la paroisse du

(1) Une pierre commémorative a été placée dans l'Eglise de Périers, le dimanche 25 janvier 1874, sous les auspices de Mgr Bravard, évêque de Coutances, président de la *Société Académique du Cotentin.* — C'est à M. l'abbé Hersent, chanoine honoraire, archiviste du diocèse, membre de la Société, qu'appartient l'honneur d'avoir provoqué cet hommage rendu à ces deux prélats.

» Loreour, une vavassorie qui est tenue de M. Ricart de Courcy
» (baron de Remilly et de Marigny), et aussi en tient un acre
» en la paroisse de la Meurdraquère, qui est tenue de M. Guil-
» laume de Braé, et valent les deux de revenu 4 livres. » —
En 1785, le *Journal et papier-cueilloir de Marigny* dit que
les héritiers de messire Raoul de Beauchamps, chevalier,
doivent à cause de cette vavassorie, tenue noblement à gage-
plège, cour et usage, au terme de la St-Michel, 10 sols, à la
mi-carême, 5 sols, droit de garde noble, relief, treizièmes,
aides, etc.

### Nᵒ 43. — LE FIEF ET CHATELLENIE DE SACEY.

Le fief et châtellenie de Sacey, (1) plein-fief de haubert,
se trouvait dans l'ancienne vicomté d'Avranches, canton actuel
de Pontorson. Il était situé, dit M. de Gerville, sur un grand
passage de Bretagne en Normandie, entre Sougéal et Sacey, par
le gué *Péroux*. Robert Iᵉʳ, duc de Normandie, y fit construire
la forteresse de Charruel pour réprimer les brigandages des
Bretons.

Les seigneurs de ce fief, dont M. E. Le Héricher a écrit
l'histoire (2) en ont peut-être porté le nom jusqu'au XIIIᵉ siècle. A cette époque on y trouve un *Fraslin de Malesmains* au
droit de sa femme ; leur postérité le conserva longtemps et,
au commencement du XIVᵉ siècle, Jeanne de Malesmains, mère
de Duguesclin, était dame de Sacey. D'après l'état des fiefs
de la vicomté d'Avranches en 1327, Gilbert de Malesmains tenait le fief de Sacey, s'étendant à Sacey, Vessey et Montanel, et
ne relevait que du roi. Ce fut son mariage avec Typhaine de
Courcy qui mit le fief de Sacey en la mouvance de la baronnie
de Marigny. C'est probablement le même Gilbert de Malesmains
dont la légende, semblable à celle de Jephté, est demeurée po-
pulaire ; il n'eut que des filles ; de l'une d'elles sortit Marie de
Cambrai mariée à Roland de Couvron. Son petit-fils, Charles

(1) Généralité de Caen, Élection d'Avranches, sergenterie Pigache.
(200 feux en 1709.)

(2) *Avranchin monumental,* tome II, p. 474—491.

de Couvron, mort en 1550, eut en 1537 un procès avec Louis
de Rohan, baron de Marigny, parce qu'il prétendait relever non
de lui, mais du roi. Trois mois furent donnés à Louis de Rohan
pour recouvrer les titres qui prouvaient le contraire, et il obtint
au bout de ce temps un arrêt du Parlement en sa faveur. Au
nombre des pièces qu'il fit valoir se trouvait un aveu non daté
rendu par Guilbert de Cambrai, seig^r de Sacey, à Guillaume de
Montauban, seigneur de Marigny de 1409 à 1424. — Charles de
Couvron étant mort sans enfants (1575), sa nièce, Beatrix de
Reumilly, eut la seigneurie de Sacey. Elle avait épousé, en 1561,
Jacques Budes, seigneur de Hirel, qui la laissa veuve en 1580,
avec 6 garçons et 4 filles. (1) En 1582 (17 juin) elle rendit aveu
de sa terre de Sacey à Louis de Rohan, et se remaria avec son
cousin Thomas Guiton. Cette union fut cause d'une longue suite
de malheurs. Nous ne pouvons suivre ici la déplorable tragédie
qui forme l'histoire de cette famille. Pendant plus d'un siècle ce
ne fut qu'une série de vengeances dans laquelle les Budes
et les Guiton jouèrent le rôle des *frères ennemis*.

En 1638, le 28 avril, il y eut des procédures pour la mouvance du fief de Sacey et la garde noble des enfants de feu
Charles Budes, seigneur de Sacey, faites par René Budes, tuteur
de Henry Budes, seigneur de Sacey, mineur. — La terre et
le fief de Sacey, devenus marquisat, passèrent ensuite à Renée
Budes qui, après un grand nombre d'aventures romanesques,
épousa M. de Nolac en 1655 ; elle passa ensuite à la famille de
Langeron, alliée aux Budes.

Dans le *Journal*, etc., de 1785, on lit : «*Fief de Sacey*, plein
» fief de haubert, au bourg de Sacey ; Messire Louis-Théodore
» Audruault, comte de Langeron, lieutenant-général des armées
» du roi, et lieutenant, pour sa Majesté, des quatre évêchés de
» Basse-Bretagne, héritier de Sébastien Rosmadec, marquis de
» Nolac, quatrième du nom dans l'état maternel, lequel était
» héritier de Budes de Sacey, — à cause dudit fief noble, terre

(1) Cet aveu en parchemin se trouve dans l'inventaire de 1679.

» et châtellenie, doit reliefs, treizièmes, aides, sous-aides, et droit
» de garde noble ; doit de retour de parage fait d'ancienneté
» entre les prédécesseurs dudit seigneur marquis de Marigny et
» ceux dudit seigneur comte de Langeron , à la Saint-Michel
» 40 livres.

### Nº 44. — Fief de Précorbin.

Le fief de Précorbin était assis dans la paroisse de ce nom
(évêché de Bayeux, élection de St-Lo, vicomté de Torigny), et
relevait du marquisat de Marigny pour deux tiers de fief. —
Dans l'inventaire de 1679, on trouve : un aveu du fief de Précorbin, rendu au baron de Marigny, le 23 janvier 1385, par
Robin de Thère ; un autre aveu, du 23 novembre 1407 ; une
déclaration de Jean de Thère, écuyer, du 11 mars 1527, col-
lationnée et approuvée le 30 juillet 1533 ; enfin un troisième
aveu, rendu le 18 septembre 1559, par Jean de Thère, écuyer,
sieur de Précorbin. — Une ordonnance (sans date) rendue par
Olivier Gosset, sénéchal de Marigny, enjoint à Madelaine Le Roy,
veuve de Jacques *Moisson*, écuyer, sieur de Précorbin, de donner un état des fief, terres et rentes, etc., dudit fief tombé en
garde noble. — En 1779, M. Moisson de Précorbin était lieutenant des maréchaux de France à Caen. — Dans le *Journal et
papier-cueilloir* de 1785, on lit : « Les héritiers et représentants de Jacques Moisson , écuyer, sieur de Précorbin, à présent
René Fouloigne, écuyer, seigneur et patron honoraire de Précorbin, doivent à cause dudit fief, 4 livres à la St-Michel, droit
de garde, relief, treizièmes, aides, etc. »

### Nº 45. — Fief de Lamberville.

Le fief de Lamberville assis en l'évêché de Bayeux, élection
de Saint-Lo, (1) vicomté de Torigny, et à peu de distance du
précédent, se relevait pour un tiers de fief de chevalier ; il
avait manoir, clos à motte, colombier, etc., avec le patronage
et le droit de présentation à l'Eglise du lieu. Il devait au marquisat de Marigny deux livres à la Saint-Michel, droit de garde,

(1) Sergenterie de Torigny (61 feux en 1709).

reliefs, treizièmes, aides, etc. Le 14 août 1419, un délai d'un mois fut accordé à Jean Wulle, par le roi d'Angleterre, des terres qui furent à Jean de Lamberville, écuyer, *rebelle*, et il fut mandé aux baillis de Caen et de Cotentin de le laisser jouir. — *Le 5 février 1453*, Pierre de Lamberville, écuyer, rendit aveu à Jean de Montauban, baron de Marigny, du fief, terre et seigneurie de Lamberville, relevant de la baronnie de Remilly. — Il y a quatre autres aveux rendus à Louis de Rohan, pour le fief de Lamberville, par Joachim *Pigache*, écuyer, le 15 juillet 1540; Guillaume Pigache, écuyer, le 5 février 1550; Nicolas Pigache, le 26 janvier 1557, et Jacques Pigache, le 15 mai 1574. — En 1666, Chamillard trouva nobles à Lamberville, *ayant justifié de leurs quatre degrés* : Antoine et François Pigache. — En 1785, à la famille Pigache avait succédé Nicolas-Joseph-François *de Gohier*, écuyer, seigneur de Lamberville.

## N° 46. — Fief de Hermanville.

Le fief de Hermanville était situé dans la paroisse du même nom (Election et vicomté de Caen, sergenterie de Ouistreham). D'après la charte de confirmation de sa fondation, l'abbaye d'Aunay avait des biens dans la paroisse : « *Habent ex dono Richardi de Ros duas acras terræ in Hermanvilla.* (1)

Aux archives du Calvados on trouve deux petits dossiers concernant le fief d'Hermanville.

La 1re pièce de l'un de ces deux dossiers est du 27 juillet 1457. C'est une quittance par laquelle « Xpôfle (Christophe) de
» Castillon, escuier, pour et au nom de révérend père en Dieu,
» Monseigneur l'évesque de Baieux, son oncle, confesse avoir
» eu et reçu de noble homme messire Charles de Hermanville,
» chevalier, seigneur dudit lieu, la somme de quarante livres
» t[ournois] pour les termes écheuz es mois de novembre et
» mai der[rain] passés, de quarante livres de rente par an que
» mon dit seigneur l'évesque a droit de prendre sur le dit che-
» valier...... témoins R[ichard] de Pacy et Marin de Baune. »

(1) *Gall. Christ.*, t. XI, col. 443.

La 2ᵉ pièce est du 22 mars 1554. C'est une obligation en parchemin par laquelle Marin Pain, de la paroisse de Hermanville,
se reconnaît débiteur envers messire Antoine de Sillans, baron de
Creully et seigneur dudit lieu de Hermanville, d'une somme de
8 livres 4 s. 6 d. et de certaine quantité de froment, chapons
et œufs, « pour la recette par lui faite de la prevosté du fief de
Beauffort pour l'année 1553. Le dit fief fesant partie de la
seigneurie de Hermanville. »

La 3ᵉ, de 1595, est la « charge faicte des rentes et revenu du
» fief d'Esquey assis à Hermanville et es environs, appartenant
» aux demoiselles filles de très hault et puissant seigneur messire
» Jean de Sillans, en son vivant chevalier de l'ordre du roy, sieur
» de Hermanville, pour l'année commençant à la Saint-Michel
» 1495. »

La 4ᵉ, de 1597, est une déclaration d'héritage d'une vavassorie
tenue en foi et hommage des héritiers de feu noble et puissant
seigneur messire Jean de Sillans, sieur de Hermanville, Esquey,
Anelle, Augy et Eterville, à cause de son noble fief d'Aunay,
dépendant de la sieurie de Hermanville.

La 5ᵉ, du 30 juillet 1615, est une bannie des terres d'Esquey,
Beauffou, Aunay, Magny et Boullemont, appartenant à noble
dame Antoinette Sanglier, dame de Creully, sises aux paroisses
de Hermanville et Colleville.

La 6ᵉ, du 29 septembre 1624, est le procès-verbal de la mise en
vente aux enchères de plusieurs pièces de terre par les paroissiens en commun de Colleville, délivré à noble homme Charles
Basire, sieur de l'Espine, procureur du sieur baron de Creully.

La 7ᵉ est de février 1625. C'est une procédure contre le fermier du moulin de Hermanville.

La 8ᵉ et dernière, du 23 mai 1630, est le contrat de vente de
six vergées de terre, delle des Ruelles jouxte le sieur de Hermanville.

Le 2ᵉ dossier est composé d'une seule pièce dont nous n'avons
encore trouvé que l'analyse. La voici :

## Fief de Ducy-Hermanville.

*Extrait du gage-plège de la baronnie de Creully,*
chap. 2, liasse 79, art. 21.

« Messire Jacques-Philippe Marin de Cingal de Marville, au droit par fieffe du sieur Jean-François de Cingal, héritier de Laurent de Cingal, tient le fief de Ducy-Hermanville, situé à Ducy-Ste-Marguerite, sujet envers la baronnie en 32 chandelles de cire ou 32 deniers au choix dudit seigneur, de rente foncière et seigneuriale, au jour de St-Michel. »

Dans le *Journal et papier-cueilloir* du marquisat de Marigny, on lit : « Fief de Hermanville, les représentants de Messire Louis
» Bourgeoise, écuyer, doivent pour ce fief, situé en la vicomté
» et Élection de Caen, solidairement et par indivis, à la Saint-
» Michel, une paire de gants valant cinq sols, plus le droit de
» garde, relief, treizième, et aides, etc.

---

Ici se termine cette Etude sur le *Marquisat de Marigny.* Nous aurions voulu lui donner des proportions plus considérables; mais les documents nous ont souvent manqué. Il est bien difficile de reconstituer aujourd'hui les Annales de nos campagnes : en tous cas il importe de ne pas laisser périr les rares épaves qui nous restent de ce passé trop peu connu.

**FIN.**

# PIÈCES JUSTIFICATIVES.

## Nº I.

1131.            ALNETUM.

.... Fundatores audiunt *Jordanus de Saio* prope Argentomum et Lucia uxor, qui dederunt locum in quo constructa primum est abbatia, et dotaverunt. Horum dona confirmavit *Ricardus du Humet* conestabilis regis Angliæ, et plurimum auxit; quin et abbatiam transtulit sedemque ubi posita nova fuit abbatia super Odonem fluvium donavit, mille passibus a veteri dissitam. *Gilbertus Jordani filius* largitus est anno 1151 terram de Venneis. *Ricardi* vero primogenitus *Guillelmus* dedit monachis terram de Lengronia III kalendas Maii 1190; ipsa die qua dedicata est ecclesia in honorem B. Mariæ ab episcopis Bajocensi et Constantiensi. De Alneto quoque bene meriti sunt *Jordani* et *Ricardi* posteri, domini de Similleio et de Alneto, cujus Baronia ad Tessæos transit anno 1674, qui ea nunc potiuntur....

*Gall. Christ.*, XI, col. 443.

1190.          FUNDATIO ALNETI.

*Ricardus du Humet* conestebularius regis Angliæ, omnibus sanctæ matris Ecclesiæ filiis, salutem.... Habeant itaque monachi de Alneto, ex dono Jordani (1131) de Saio et Luciæ uxoris ejus, locum in quo primum constructa est abbatia,.... ex dono eorumdem terram *de Repentis* concessu Rodolphi *de Buron* et hæredum suorum, quam Lucia uxor Jordani emerat. Item, ex dono eorumdem, quoddam nemus juxta nemus Anschetilli, concedente Radulpho de Buron et hæredibus suis. Ex dono eorumdem decimam totius dominii et decimam molendini de Deserto. Item, ex dono eorumdem, ecclesias de Cenilleio, cum omnibus decimis, et terram eleemosynariam ad easdem ecclesias pertinentem. Item.... decimam molendinorum et telonei et virgultorum et pecorum de Alneto et Romilleio.... Ex mea vero propria donatione et Agnetis uxoris meæ, et filiorum meorum Willelmi, Enguerranni et Jordani,.... *ecclesiam de Marigneio cum burgo sancti Petri* et cum omnibus appenditiis suis, cum molendino ejusdem villæ quatuor quartaria frumenti. Item in eodem molendino ex proprio dono Willelmi filii mei et Agnetis uxoris meæ, quinque quartaria frumenti. Item in eadem villa 20 solidos cenomanenses in teloneo. *Item ecclesiam de Rumilleio* in integrum, cum omnibus appenditiis suis.... Donationes autem supra scriptas ego *Ricardus de Humeto* et uxor mea Agnes, et filii mei Willelmus, Enguerrannus et Jordanus.... concedimus et confirmamus.... Testibus hiis....... Roberto de Haia, Roberto Maisnil, Roberto de *Marigny*.

*Gall. Christ.*, t. XI, col. 88, 89, 90. *Instrum. Ecclesiæ Bajocensis.*

# N° II.

Outre les membres de la famille *de Say* que l'on retrouve dans les rôles de l'Echiquier de Normandie, et dans les chartriers de l'Evêché de Bayeux, des abbayes de Fontenay, du Plessis-Grimould, de Troarn, de Silly et de St-André-de-Gouffern, de 1184 à 1311 (et dont la liste est ci-dessous), *le Neustria pia*, p. 760, signale un *Guillaume de Say* qui, sous le règne de Jean, roi d'Angleterre, signa à la confirmation de la fondation de l'abbaye de Stamfort, et *Henri*, son frère ; *Geoffroy de Say*, en 1215, et *Robert de Say* en 1241.

EXTRAIT DE L'INVENTAIRE DES CHARTES DES ARCHIVES DU CALVADOS, par M. Léchaudé d'Anisy. (*Mémoires de la Société des Antiquaires de Normandie*, tomes VII et VIII.)

### 1184. ROTULUS SCACCARII NORMANNIÆ.

S. *Gaufridus de Saieio* debet 33 libras 12 s. pro quatuor modiis frumenti quod habuit ad munitionem castri de Gisorz.

### 1251. EVÊCHÉ ET CHAPITRE DE BAYEUX.

N° 50. — Guillaume le Truant donne à N.-D. de Bayeux en 1251, pour l'anniversaire de *Gilbert de Say*, chanoine de cette Eglise, une maison située à St-Floxel.

### 1232. EVÊCHÉ ET CHAPITRE DE BAYEUX.

N° 15. — Richard la Pie, d'Audrieu, vend en 1232, avec le consentement du chapitre, à *Gilbert de Say*, ainsi qu'à Guillaume Bonnet, le jeune, chanoines de Bayeux, une pièce de terre à Audrieu, qui relevait du dit chapitre.

### 1260. ABBAYE DE FONTENAY.

N° 192. — Catherine, maréchale de France et *dame de Say*, du consentement de son seigneur, Henri, maréchal de France, donne à l'abbaye de Fontenay, en 1260, une rente de 40 sols tournois en pure et perpétuelle aumône, à prendre dans la prévôté ou gouvernement d'Honfleur.

### 1264. PRIEURÉ DU PLESSIS-GRIMOULD.

N° 581. — *Renaud de Say*, écuyer, fils de *Guillaume de Say*, donne en 1264, au prieuré du Plessis, pour la pitance des religieux toutes les rentes et hommages qui leur étaient dus à Cantelou, dans la paroisse d'Estrye, et dont le détail est fort étendu.

### 1304. ABBAYE DE TROARN.

N° 280. — *Jean de Say* (*de Saio*) vend à l'abbaye de Troarn en 1304 différentes redevances à prendre sur un herbage situé à la Hionnerie.

### 1311. ABBAYE DE SILLY.

N° 10 — Acte passé en la vicomté de Falaise, la veille de la Ste Ca

12*

therine 1311, par lequel, Jean de Trémont, prêtre, et ses frères confirment un bail fait par noble dame *Nicole de Say*, femme de feu Robert de Trémont, ch<sup>r</sup>, également leur frère, par lequel ladite *Nicole de Say* confère à Michel Lovel, écuyer, tous les droits de justice, de relief, de 13<sup>e</sup> et autres qu'elle avait ou que les dits frères de Trémont pouvaient avoir dans les parroisses de Say, etc.

**s. d,** ABBAYE DE ST-ANDRÉ-EN-GOUFFERN.

N° 186. — Henri de Ferrières, acte où signent comme témoins *Robert, abbé de St-André,*... Guilbert de Malesmains,... *Arthur de Say*, etc.

# N° III.

**1327.** DOMAINE ROYAL FIEFFÉ.

Le vivier du Bois-Rogier, tenu par Guillaume de Montfort, pour moitié, 10 sols.

**1327.** TENANTS DU ROI. — *Serg. de Jehan de la Halle.*

*Guillaume de Montfort*, escuyer, tient, à cause de sa femme à *Heugueville* (?), le fief de Montfort franchement tenu du roi nostre sire, qui vaut ou peut valloir de revenu 60 livres 18 s., dont il rend 14 d. pour graveries, tant pour lui que pour ceux qui en tiennent par quelque voye que ce soit, dont li et sa femme sont propriétaires.

**1327.** TENANTS DU ROY. — *Serg. J. de la Halle.*

*Guillaume de Montfort*, escuyer, tient du roy nostre sire, par hommage une partie de baronnie en laquelle tenure il y a plusieurs nobles qui tiennent ès mettes de la dite baronnie tant par hommage que parage, laquelle li vaut de ce qu'il en porsiet en sa main ou pouret valloir 240 livres. — Item *le dit escuyer* tient par raison de sa femme en la dite baronnie, du roy nostre sire, héritage qui vaut ou peut valloir bon an mal an tant en la main desdits mariés comme à M. *Nicolle de Marry* par raison de sa femme, et autres qui tiennent à viagé, dont les dits mariés sont propriétaires, 250 livres 30 s. Pour laquelle baronnie dessus dite le dit escuyer doit au roy nostre sire, toutes fois que le cas s'offre, chevalier et demi, tant pour lui que pour ceux qui tiennent de lui, par hommage et par parage comme dessus est dit qui li aident. Item 30 s., 6 d. payés par la main de *son prévost de Cenilly*, à la mi-carême, plus 10 s. pour la dite ayde au terme ci-dessus, par le prévost *de Quettreville*, lesquels eux cueillent et lèvent sur les nobles et innobles tenans.

**1327.** ARRIÈRE-FIEFS. — *Serg. Guillot de Pierres.*

*Guillaume Couroie* tient une vavassorie *à Grimouville*, à l'onneur de *Sai*, et en rend 3 d. pour l'aide de la conté de Mortaing et va par la main de *Guillaume de Montfort*, et sont ses hommes quittes de coutume payer ès marchiés comme les autres de la conté, et est appelé le fié *d'Aussès*, et vaut de revenus, bon an mal an, 12 livres et est tenu du dit *Guillaume (de Montfort)* en arrière fief, et ledit Couroie le tient de *Jehan Dassis.*

*Jean de Méautis*, seigneur de Méautis, tient par raison de sa femme, en parage, de *Guillaume de Montfort*, escuyer, une vavassorie franche, à gage-plège, assise ès paroisses de *Bacilly* et de *Quettreville*, et vaut par chacun an de rente environ 40 livres.

Le *Seigneur de Guéhébert* tient en ladite paroisse demy fié de haubert par l'hommage de *Guillame de Montfort*, escuyer, qui prent par la main du prevost du dit seigneur 10 s. de rente pour toutes choses, faisances et redevances, avec les 3 aydes de Normandie, et vaut au dit seigneur de revenu, bon an, mal an, pardessus les rentes deubs, 140 livres ou à l'entour.

Item *Guillaume de la Haye Comtesse* rent au dit *Guillaume de Montfort* 40 s. pour le 6e d'un moulin, item trois deaux (?) de froment pour 3 vergées de terre, petit plus, petit moins, et vaut de rente, bon an, mal an, 40 livres ou environ.

*Guillaume de la Haye Comtesse* tient par foy et hommage de *Guillaume de Montfort* la Haye-Comtesse, par demy fieu de haubert, li et ses puisnés, et en rent au dit Guillaume 4 s. à la mi caresme pour ayde.

Dame *Allix de Courcy*, déguerpie de M. Olivier Paenel, tient en la paroisse de *Cérences*, de *Guillaume de Montfort*, le 1/4 d'un fié de haubert, appelé le fié de *Guelle* ou de *Gueulle*, et l'en rend les 3 aydes accoutumés quand ils échéent. — Item elle tient en la paroisse de *Malleville* le 1/4 d'un fief de haubert de *l'abbé Grestain*, et l'en rend les 3 aydes coutumières quand ils échéront, et valent les deux fiefs 180 livres de revenus.

*Fouques de Beauchamp* tient en la paroisse de Loreour une vavassorie qui est tenue de M. *Ricart de Courcy*, et aussi en tient une acre en la paroisse de la Meurdraquière, qui est tenue de M. Guillaume de Brae, et vallent les deux, de revenu, 4 livres.

*Guillaume d'Isigny*, escuyer, tient un fié de haubert, appelé le fief du *Thot* ès paroisses d'*Annoville*, de *Tourneville*, de *Quettreville*, de *Bricqueville-sur-la-Mer* et de *Malleville* en parage de *Ricart d'Isigny*, et en est icelui Richard en l'hommage de M. *de Courcy*, chevalier, *sire de Remilly*, duquel fief de haubert M. *Ricart* Malherbe tient le 6e, et *Guillaume Meurdrac*, escuyer, en tient la 8e partie. Et en doit ledit Guillaume audit M. Ricart pour toutes choses : 6 livres à la St-Michel payées par ses hommes, et 5 s. à la micaresme pour esclusage et vaut le dit fief 100 livres de revenus, ans communs.

*Robert Jugan* tient de M. *Ricart de Courcy*, chr, par le 1/6 d'un fié de haubert assis ès paroisses du *Lorey*, *Champront* et *Hauteville-la-Guichard*, et vaut 100 sols de revenus à la St-Michel, et en est le dit Robert en l'hommage du dit chevalier.

*Maheut de Champront* tient de *Guillaume de Campront* en parage un fieu tenu de M. *Ricart de Courcy*, chr, sire de Remilli, ès paroisses du *Lorey* et de *Hauteville*, qui vaut, bon an mal an, 60 s.

(*En note:* « N'est-ce point ici le fief de Raulours ou bien le fief Jean Conard ?) »

Item, le dit *Guillaume de Champrond* tient par hommage de *Guil-*

laume de Montfort, escuyer, pour le quint d'un fié de haubert en la paroisse du Lorey, qui vaut 20 livres, bon an mal an.

Guillaume de la Mare, escuyer, le jeune tient en la paroisse de Saucey une franche vavassorie en parage de Guillaume de la Mare le vieil, qui en est à l'hommage de Guillaume de Montfort par raison de sa femme, et l'en rent 20 d. pour graverie, et doivent les hommes de la vavassorie garder la foire de Montmartin une nuit, et vaut de revenus, bon an mal an, 25 livres.

## 1327.      ARRIÈRE-FIEFS. — Serg. Maufras.

Guillaume de Breuilly, escuyer, sgr de Breuilly, tient en la paroisse N.-D. de Cenillie de M. Ricart de Courcy chr par le 1/4 d'un fié de haubert, et est ledit fieu de la connétablie, et en rent au roy chacun an pour l'aide au vicomte à la micaresme 25 d., et au dit chr 25 s. de monnaye tournois chacun an à la St Michel, et vaut le dit fié de revenus 100 livres.

Ollivier de Huchon tient le 1/6 d'un fié de haubert assis en la par. de Roncey, et le tient de Raol Hébert par hommage et le dit Raol le tient de M. Richard de Courcy seigr de Remilli et en rent 14 s., 8 d. au dit Raol à la St Michel, et vaut de rente audit Ollivier 14 s., 8 d.

Hue de la Haye, seigr de Villebaudon, tient en la par. de Cenilli pour le 1/7 d'un fié de haubert par l'hommage de Mr Ricart de Courcy, chr, et l'en fait le 7e d'un service de chr quand il chiet, et vaut ce qu'il a en la ville 60 livres de revenus.

Raol Hébert tient le fié de la Hogue, assis en plusieurs paroisses de la vicomté de Coutances, de M. Ricart de Courcy, chevalier, par certaines rentes que le dit chr prent au dit fié, et vaut bien ce que le dit Raol a audit fieu de revenu 40 livres ou environ.

Item, le dit Thomas des Loges tient une vavassorie franche ou il y a gage-plège, de Raol Grosparmy en parage, dedans les fiefs de Guillaume de Montfort, escuyer, et vaut de revenus bon an, mal an, 7 livres, et sis en Quettreville.

Mr Fraslin de Huchon tient en la par. de Cenilly de Jehan de Montfort trois mazures et l'en rent 10 s. pour un espervier à la Montmartin, et vaut 6 livres de rentes.

Jehan du Mesnil-Normand tient en la paroisse de Cenilly par demy fié de haubert en parage de Robert Paenel et en rend ledit Jehan 24 mançois qui vont à Guillaume de Montfort, du prevost dudit Jehan, par les mains dudit Robert ou de son prevost, et vaut ce que ledit Jehan prend au dit fié 30 livres de revenu, bon an, mal an.

Robert Paenel, escuyer, tient de Guillaume de Montfort, par hommage en la paroisse de Cenilly, qui vaut de revenu, chacun an, 45 livres.

Guillaume d'Ouville tient par hommage de Guillaume de Montfort en la paroisse de N. D. de Cenilly le 1/4 d'un fié de haubert et l'en doit 15 mançois et une maille, ou moulte, et vaut de revenu, bon an mal an, 30 livres.

Ollivier du Mesnil-Lambert, escuyer, de la par. N. D. de Cenilly, tient par le 1/4 d'un fieu de haubert, de Guillaume de Montfort, escuyer, par hommage et lui rent 21 mançois à la mi-caresme et vaut 60 livres de revenus, bon an, mal an.

*Thomas de Verdun* escuyer, tient à *Quettreville* par parage de *Guillaume de Montfort* un fié de délais, qui vaut de revenu 120 livres.

**1327.** ARRIÈRE-FIEFS. — *Serg. Couroie.*

*Symon d'Erengarville* tient à *Quettreille* deux vavassories en parage de *Raoul Grosparmy* à gage plège et le dit Raoul la tient de *Guillaume de Montfort*, et vaut de revenus chacun an 20 livres.

## No IV.

### EXTRAITS DE L'ETAT CIVIL DE HAUTEVILLE-LA-GUICHARD.

8 Janvier 1601. — Le fils de Ollivier Gyrard fut baptisé et nommé Denys par noble homme Denys du Bouillon, procureur du roi au siége présidial de Coustances.

15 Mars 1601. — Le fils de Jean de la Masure fut nommé Barnabé par noble homme *Barnabé Le Canu.*

17 Mars 1601. — La fille Nicolas Duchemin fut nommée Perrette par noble homme *Pierre du Bouillon.*

15 Avril 1601. — Le fils Pierre Le Cardonnel fut baptisé et nommé Nicolas par damoiselle *Anne de la Bigne*, veuve de feu noble homme *Nicolas de Gouey*, en son vivant sieur de Drouet.

18 Avril 1601. — La fille Denys Dudouit fut baptisée et nommée Jeanne par damoiselle *Jeanne Roger*, présence de noble homme *Pierre du Bouillon* sieur du Désert.

24 Juillet 1601. — Le fils de noble homme *Jean du Bouillon* fut baptisé et fut nommé Jean par noble homme *Guillaume Rogier, sieur de la Ponterie*, aux présences de noble homme *Nicolas du Bouillon*, sieur de Gouey, noble homme *Denys du Bouillon*, procureur du roi au bailliage de Costentin à Coustance, etc.

21 Décembre 1603. — La fille de *Nicolas Fourmy*, écuyer, fut baptisée et nommée Marguerite par Robert Godefroy, etc.

21 Fév. 1605. — La fille de *Nicolas Formy*, écuyer, fut baptisée et nommée Collasse par Me Lecardonnel.

13 Novembre 1605. — Noble homme *Denys du Bouillon*, procureur du roi à Coustances décéda le 13e jr de novembre et son corps inhumé le 14e dans la chapelle de son père par venerable homme *Denys Guillot principal du collége* de Coustances et chanoine la dite église de Coustances.

1er Mai 1608. — Le fils de noble homme *Jean du Bouillon* fut baptisé le 1er jr de mai et nommé Julien par noble ser *Julien de la Luserne ser et patron du Lorey*, la marraine damoiselle *Anne de la Bigne* veuve de feu noble homme *Nicolas de Gouey* en son vivant sieur de Gouey, le 2e parrain noble homme *Jean David* bailly de St-Sauveur-Lendelin.

21 Août 1609. — Le mariage d'entre noble homme Regnier *d'Outresoulle* et de *Marie de Gouey* fut fait et célébré.... en présence de noble

homme Nicolas de Gouey sieur du Drouey, de M. de St-Léger, de Me Julien Dudouyt, de Me Vincent de la Mazure, etc.

9 Mai 1614. — La fille de *Thomas Le Cardonnel* fut baptisée et nommée Susanne par Dlle *Jeanne Rogier* femme de noble homme *Jean du Bouillon* sieur du lieu et noble homme *Nicolas du Bouillon sieur de Gouey,* lieutenant général du vicomte de St-Sauveur-Lendelin.

1er Mars 1616. — Le fils de *Gilles de Pirou,* fils Pierre, fut baptisé et nommé Pierre par noble homme *Jean du Bouillon* sieur du lieu.

16 Mai 1617. — Le fils de *Jean Mottin,* fils Laurens fut baptisé et nommé..... par noble homme *Nicolas de Gouey* sieur de Drouet.

24 Août 1616. — Le fils de Jean Leguelinel fut baptisé et nommé Jean par noble homme *Jean du Bouillon,* sieur du lieu.

29 Septembre 1617. — Le fils de *Guillaume Le Cardonnel* fut baptisé et nommé Charles par Me *Charles Dudouit,* sieur des *Roches.*

19 Octobre 1617. — La fille de Me *Pierre Le Guelinel* de St-Louet-sur-Lozon fut baptisée et nommée Julienne par honorable femme Marie Le Guelinel, femme de Me Nicolas Davy advt et *Jean du Bouillon,* écuyer, fils de noble homme Jean du Bouillon, sieur du lieu.

16 Novembre 1617. — Le fils de Nicolas Lecardonnel le jeune fut baptisé et nommé Jean par noble homme *Jean du Bouillon,* sieur du lieu.

15 Décembre 1618. — Inhumation de noble homme Nicolas du Bouillon, sieur de Gouey.

26 Avril 1618. — Mariage de Me Charles Dudouit, sieur des Roches, et de damlle Jacqueline de Clamorgan, présence de Me Nicolas Dudouit, prêtre, noble homme Arthur (?) de Clamorgan, lieutenant général du bailli de St-Sauveur-Lendelin, etc.

18 Octobre 1618. — Mariage de noble homme Guillaume Bazin (ou Basire) sieur de la *Riguebaudière* et de dlle Jacqueline de Gouey, fille de feu noble homme Nicolas de Gouey, sieur de Drouet.

31 Mars 1622. — Le fils de Pierre Dudouit, fils Denis, fut baptisé et nommé Jean par noble homme Jean du Bouillon, sieur de la Faunisière (?), et Dlle Jacqueline de Clamorgan, femme du sieur des Roches.

19 Octobre 1625. — Mariage de Jean de Soulle, fils de Jean, de la paroisse de Feugères, et de Jeanne Perrine, fille naturelle de noble homme Nicolas de Gouey, sieur du Drouet.

14 Novembre 1625. — Mariage de Me Denis Le Rouxel, adat, et de Dlle Catherine Basire, fille de noble homme... — Basire, sieur de la *Guerinière,* en la chapelle du dit sieur de la Guerinière, en la paroisse de Cerisy, en sa présence, celle des sieurs de la Chapelle et de la Riguebaudière, frères de la dite fille, etc.

26 Mars 1626. — La fille de Pierre de la Masure, fils Raullet, fut baptisée et nommée Ysabeau par Dlle Ysabeau Michel, femme de noble homme Arthur de Clamorgan, lieutenant général au bailliage de St Sauveur Lendelin, et Julien de La Masure.

22 Septembre 1627. — Inhumé dans la chapelle de l'église noble homme Jean de Bouillon, lieutenant général en la vicomté de St Sauveur Lendelin.

11 décembre 1629. — Le fils de M⁰ Jacques Le Darondel fut baptisé et nommé Arthur par noble homme Arthur de Clamorgan, sieur de Carmesnil, lieut. civil et criminel au bailliage de St Sauveur Lendelin et dˡˡᵉ Helisabeth Dancel.

27 Décembre 1639. — Le fils de Mᵉ Thomas Lambert sergent fut baptisé et nommé Denis par noble homme Denis du Bouillon, sieur du lieu et honorable femme Denise Lechevalier fᵉ de Mᵉ Jacques de Coquerel, sieur de la Ruquetière, receveur du marquisat de Marigny.

27 Janvier 1639. — Le corps de Jean de Gouey, fils de Mᵉ Jean de Gouey, sieur de la Fontaine, fut enterré dans l'église du dit lieu.

## Nᵒ V.

### Chartes de l'Abbaye de Hambye, concernant Marcambye.

#### 1ᵒ Confirmatio Willelmi Paganelli de dono Gilonis de Mota.

Sciant omnes præsentes et futuri quod ego Willelmus Paganellus miles, dominus de Hambeja, concedo et præsente carta confirmo Deo et abbatiæ B. M. de Hambeja.... duo quarteria frumenti quæ dedit et concessit de voluntate mea et assensu Gilo de Mota filius et hæres Godfridi de Marcambeja militis....

Anno Dⁿⁱ Mᵒ CC Lᵒ Vᵒ mense Novembris.

#### 2ᵉ Carta domini de Hambeja.

Sciant omnes... quod ego Guillelmus Paganellus miles dominus de Hambeja dedi et concessi et præsenti carta confirmavi Deo et abbatiæ S. M. de Hambejo.... quatuor quarteria et dimidium frumenti annui redditus percipienda et habenda in molendino de Marcambeja ad mensuram de Villa Dei....

Actum anno Dⁿⁱ Mᵒ CCᵒ Lᵒ VIᵒ mense Septembris.

#### 3ᵉ Excambium frumentorum in molendino de Hambeja.

Universis.... Willelmus Paganellus miles, dominus de Hambeja....

Noveritis quod cum ego, jam diu est, dedissem viris Religiosis abbati et conventui de Hambeja... quatuor quarteria et dimidium frumenti ad mensuram de Villa Dei, quod quidem frumentum dicti Religiosi percipiebant et habebant... in molendino de Marcambejo, ego vero dictus Willelmus excambiavi eisdem Religiosis dictum frumentum in molendinis meis de Hambeja....

Actum anno Dⁿⁱ Mᵒ CCᵒ LXXᵒ IIIᵒ mense decembris.

#### 4ᵒ De eodem.

Universis hæc visuris Willelmus Paganellus miles, dominus de Hambeya, salutem in Domino.

Noveritis quod cum Gilo de Mota filius et hæres Gofredi de Marcambeja militis defuncti dedisset viris Religiosis abbati et conventui B. M. de Hambeja, intuitu charitatis duo quarteria frumenti ad mensuram

de Cenillejo, quæ duo quarteria frumenti dicti Religiosi percipiebant
et habebant singulis annis ad festum S<sup>ti</sup> Michaelis in puram et perpetuam eleemosinam per manus tenentis seu tenentium pro tempore molendinum de Marcambeja, et quam donationem ego confirmaveram eisdem Religiosis tanquam Dominus capitalis et ad garantizandum eisdem me haredesque meos obligaveram. Ego prædictus Guillelmus excambiavi eisdem Religiosis dicta duo quarteria frumenti in molendinis meis de Hambeja et volo ac etiam concedo quod dicti Religiosi, et eorum successores de cætero habeant et percipiant libere, pacifice et quiete duo quarteria frumenti in molendinis de Hambeja supra dictis. . . . . . . . . . . . In cujus rei testimonium et munimen præsentem cartam sigilli mei munimine roboravi.

Actum anno D<sup>ni</sup> M° CC° LXX<sup>b</sup> III° mense decembris.

*(Extrait du Cartulaire de l'Abbaye de N.-D. de Hambye, archives de Saint-Lo.)*

Coutances, typ. de Daireaux.

# DU MÊME AUTEUR :

LE R. P. MARTIN, CORDELIER DE CAEN, SA VIE & SES ŒUVRES, broch. in-8°, Caen, Hardel, 1862.

MONOGRAPHIE DES COMMUNES & DES FAMILLES DE FIERVILLE, broch. in-4°, Caen, Hardel, 1863.

HISTOIRE DU COLLÉGE DE QUIMPER, vol. in-8°, Paris, Hachette, 1864.

NOTICE ARCHÉOLOGIQUE SUR LE DÉPARTEMENT DU FINISTÈRE, broch. in-8°, impr. impér., 1865.

NOTICE SUR LE CARTULAIRE DE QUIMPER, broch. in-8°, impr. impér., 1866.

ÉTUDE SUR LES ORIGINES DE LA BIBLIOTHÈQUE DE QUIMPER, broch. in-8°, Brest, 1866.

HISTOIRE DE LA HAUTE BARONNIE DE TOURNEBU, vol. in-4°, Caen, Hardel, 1867.

DE LA NÉCESSITÉ DE L'ENSEIGNEMENT SECONDAIRE SPÉCIAL, broch. in-8°, Bayonne, Lespès, 1867.

LE CAHIER DES DOLÉANCES DES TROIS ORDRES DU BAILLIAGE D'ALENÇON, EN 1560, broch. in-8°, impr. impér., 1868.

ÉTUDE SUR LA PSYCHOLOGIE DU SOMMEIL, d'après les leçons faites à la Faculté des Lettres de Caen, par M. A. Charma, en 1862-63, broch. in-8°, Bayonne, Lespès, 1868.

NOTE HISTORIQUE SUR LES ORIGINES DU COLLÉGE DE SAINT-SEVER (LANDES), broch. in-8°, Mont-de-Marsan, Delaroy, 1868.

ÉTUDE SUR LES MANUSCRITS DE LA BIBLIOTHÈQUE PUBLIQUE DE CARCASSONNE, vol. in-8°, Carcassonne, Pomiès, 1869-70 (*Mémoire couronné par la Société des Lettres et Arts de Carcassonne*).

LE CARDINAL JEAN JOUFFROY & SON TEMPS, étude historique, (1412-1473), vol. in-8°, Paris, Hachette, 1874.

DE QUINTILIANEIS CODICIBUS & PRÆCIPUE INTER NOSTROS DE CODICE CAR-CASSONENSI, vol. in-8°, Paris, Hachette, 1874.

www.ingramcontent.com/pod-product-compliance
Lightning Source LLC
Chambersburg PA
CBHW052118090426
42741CB00009B/1856